# 「日銀」が日本を滅ぼす

## 世界3大投資家が警告する日本の未来

ジム・ロジャーズ［著］
花輪陽子／アレックス・南レッドヘッド［監修・翻訳］



SB新書
677

# はじめに

以前、私は日本企業の株を保有していた。しかし、今ではすべて手放している。「失われた30年」と言われる未曽有の経済不況から、回復する兆しが見られないからだ。原因の一端となるのが、日銀の政策だと私は考えている。世界的にも類を見ないゼロ金利政策の長年の継続や、日銀自らが刷ったお金で国債やＥＴＦ（上場投資信託）を買い続けてきた点などである。

このような愚策の結果、円安（通貨価値の下落）、負債の増加、国際競争力の低下、貧富の差、貯蓄意欲低下――といった多くの悪影響が生じた。そしてこのままの状態が続けば、日本は滅びるであろうと私は危惧している。

一方で、光明も感じている。２０２３（令和５）年４月に就任した第32代日銀総裁、植田和男の取り組みだ。

植田総裁は、これまで長きにわたり日銀や政府が推進してきたゼロ金利政策を解除した。さらには国債の購入も減額。ＥＴＦ、ＲＥＩＴ（不動産投資信託）の新規購入をやめ、イールドカーブ・コントロール（ＹＣＣ）政策も廃止するなど、長年続けてきた金融緩和政策から一転した政策を展開している。

ただし、本当の意味で日本経済が立ち直るためには、現在の取り組みが維持できるかどうかがポイントだろう。というのも真の金融正常化、景気回復には痛みが伴うものだからだ。実際、株価が過去最悪の下落幅を更新するなど、一部に痛みが出始めている。

その他、借金の返済、少子化対策、マーケットへの不介入など、やるべき取り組みはまだまだある。そして、これらの改革にも同じく痛みが伴う。植田総裁をトップとする日銀ならびに政府、そして日本国民一人ひとりが痛みを伴う政策に耐え、続けていけるかどうか。

本書を通じて読者の方にはこのことを考えてもらいたいと思うとともに、政府・日銀にはぜひとも実行してもらいたい。痛みを伴う改革こそが、現在の危機的な状況から日本が立ち直る方法であり、私の大好きな日本ならびに日本人が再び元気に、幸せな毎日を送る未来につながるからだ。

その一助に本書がなれば幸いであるし、そうなるように願っている。

# 『「日銀」が日本を滅ぼす』目次

## 第2章　日銀の責任と日本経済の停滞

## 第3章　日銀の政策がもたらす悪影響

## 第4章　危機を回避するための「痛みを伴う改革」

# 序章

# 日銀が日本を滅ぼす

# 日本の株式市場の今

日銀の金融政策が、日本企業への投資を検討している海外の投資家に、どのような影響を与えているのか。その結果、日本の株式市場はどのような状況になっているのか。まずは、この点について論じたい。

後ほど改めて詳しく触れるが、「失われた30年」との言葉で表現されるとおり、ここ30年、いや、正確には35年近く、日本の株式市場は衰退していた。実際、２０１０年ごろには、日経平均株価は１万円を切るまでに下落していた。

ところが２０１２年以降、日本の株価はじわじわと上昇基調に転じる。そして２０２４年３月には、大台とも言える４万円を突破するまでに上昇した。日経平均株価はさらに上昇を続け、一時は４万２０００円台まで上昇し、史上最高値を更新し続けることになる。

長きにわたり停滞を続けていた日本企業の株価が、なぜ最近になって、最高値を更新し続けるまでに上昇したのか？

理由はさまざまある。まずは、日銀による金融政策の変化、正常化だ。金融緩和政策を推し進めていた黒田東彦総裁に代わり、新しく植田和男総裁が日銀のトップとなった。植田総裁は17年ぶりに利上げを実施、金融政策の大きな転換を決める。

このような植田総裁の金融政策の正常化を、海外の投資家は評価した。その結果、多くの海外投資家が日本企業の株を購入したことで、日経平均株価が上昇する。上昇傾向を見た他の投資家も日本株を購入するという流れが生まれ、一気にここまで値が高まったと考えられる。

私自身が投資家だからよく分かることでもあるが、好むと好まざるとにかかわらず、多くの投資家は上昇相場が好きである。目の前に上昇しているマーケットがあれば、飛びつく傾向にある。

日本のマーケットが世界中の投資家から注目されているのは、さまざまなニュースを見ても分かる。たとえば日銀の金融政策正常化の決定が下された後、日本のメガバンクの海外拠点が開催した海外投資家向けのセミナーには、多くの人が集まった。今回の金融政策の詳細や、今後さらに利上げは進むのかなど、積極的に質問が飛び交い、関心が高かった。

このようなセミナーはイギリスなど欧州を中心に、香港や私が暮らすシンガポール、もちろん東京でも開催された。海外に向けてはネット配信やビデオカンファレンスというかたちで行われ、投資家からはセミナー終了後もメールやチャットなどで、問い合わせが相次いだと聞いている。

改めて、日本の株式市場の状況について考察してみたい。確かに、日本の株式市場は近年、驚異的な成長を遂げている。具体的な数字を見ても、過去10年から15年で3～4倍にもなっているからだ（次ページ図参照）。

このような上昇率は、多くの投資家やエコノミストたちを驚かせている。一見すると、日本経済の健全性を示す指標のようにも思える。

日経平均株価

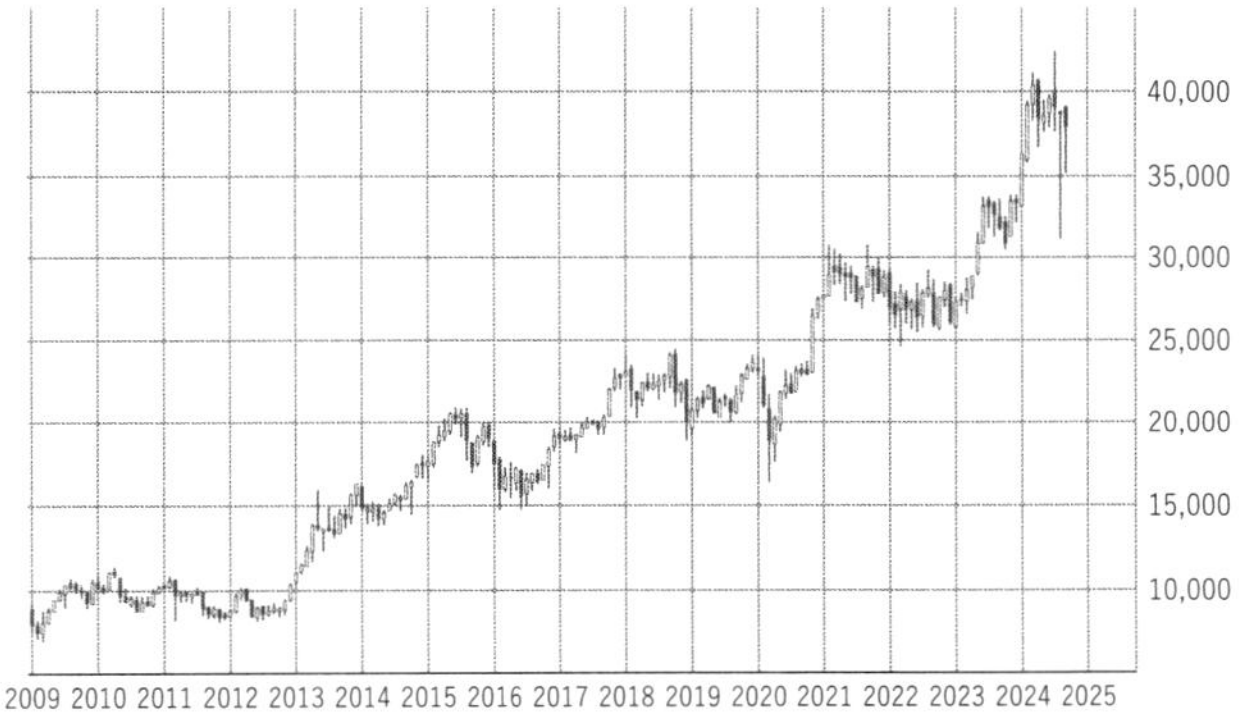

出典：日本経済新聞「日経平均株価：指数：スマートチャートプラス：日経電子版(nikkei.com)」より引用

今回の植田総裁が実施した金融政策の転換は、これから大きく日本が変わっていくターニングポイントとなると考えている。短期的な政策ではなく永続的に続くことで、新たな投資と日本の繁栄につながることを私自身、ひとりの投資家として期待したい。

しかし、今回の金融政策が果たして本当に恒久的なものなのか。永続的な変化を生むかどうかを考えると疑問が残る、というのが正直な意見だ。

というのも、今回の株価上昇は短期的な成果に過ぎない、と考えているからだ。言い方を変えると、短期間でこれだけ株価が上昇する、急激な成長というのは、これまでの歴史を振り返ると根本的な問題を隠していたり、長期的には深刻な問題が待ち受けていたりすることが大半だからである。

このような考えをもつのは私だけでなく、市場に携わる人たちや経済の専門家たちも同様であることも付け加えたい。

もちろん、植田総裁が進めている金融政策の正常化プロセスについては、日本経済の復興に向けて正しい方向に導く一歩だとは思う。この点については改めて177ページで述べたい。

利上げは必要な措置であり、正常な金利水準は、長期的な経済の安定にとって重要な要素だからだ。このことも、歴史が物語っていることでもある。ただし重要なのは、この道筋を維持できるかどうか、継続していくことができるかどうかだ。

繰り返しになるが、儲《もう》かるマーケットがあると知れば、投資家は飛びつく。その結果、市場は割高となる。関係者は株価が上がったと喜ぶだろうが、上がり過ぎた株価はいずれ暴落する可能性を秘めている。このことも、歴史が物語っている。

投資家が冷静になり、長期的な視点でマーケットを見た場合、実はそれほどうまみがなかったことが分かってくるからだ。そしてまさに今、日本のマーケットはそのような局面を迎えている。

最高値を記録していた当時の盛り上がりとは一転、株価は一気に下落、逆に過去最悪の下落幅を更新する事態にまでなり、証券会社などの金融機関が投資家に説明を行ったり、岸田文雄首相（当時）が落ち着いて対処するよう国民にメッセージを伝えたりするまでの事態になっている。

まさに私が予想したとおり、危惧したとおりの事態になってしまっていると言えるだろう。これは、2024年7月中旬に、円相場が4円以上、円高方向へ動いたこと、それに続く株価の乱高下についても言えることだ。急速な円高方向への動きについて、政府による市場介入が行われた可能性があると推測されている。私はこうした介入が一時的な効果しか持たないことを強調したい。

必要なのは、長期的な視点で日本経済の根本的な問題に取り組むことだ。市場への介入は問題を悪化させる傾向が強いため、より賢明な判断を下す市場に任せるべきだ。これは、歴史が物語っていることでもある。

その後、8月5日に東京株式市場で、大暴落が起こった。この暴落を引き起こしたのが、日銀の金融政策によるものかは、私には分からない。ここからさらに暴落する可能性についても、否定できない。

翌6日には、史上最大の上げ幅を記録するなど、歴史的乱高下が続いている。ただ、これは基本的な市場の動きだ。大きな暴落があれば、しばしば反発がある。この現象は、デッド・キャット・バウンスと言われている。ウォール街の格言の一つで、急激な価格下落の後に、一時的に株価が反発することをいう。これは、市場で頻繁に起こることだ。とはいえ、バブルはまだ続くと考えている。

株価の急上昇は、根本的な問題を覆い隠していることが多く、急激な成長の裏には長期的な課題が潜んでいる。特に日本の経済は少子高齢化や構造改革の遅れといった根本的な問題を残しており、これらが解決されない限り、持続的な成長は難しい。

今後の日経平均株価について尋ねられることがあるが、その予測は非常に慎重にならざるを得ない。市場の短期的な動きは予測が難しく、特に現在のような乱高下が続く状況ではさらに不確実性が高まるからだ。繰り返しになるが、重要なのは、投資家が冷静になり、長期的な視点でマーケットを見た場合、実はそれほどうまみがなかったことを理解することである。

## 日銀の金融政策は市場の安定に貢献しているのか

続いては、日銀の金融政策が市場の安定に貢献しているのかどうかについて、論じてみたい。結論から言えば先述したとおり、特にここ数カ月、日本の株式市場は乱高下の局面を繰り返しているのだから、安定しているとは言えない。もちろん、日銀の金融政策がすべての理由ではないだろうが。

一方で、日銀の現在の金融政策スタンスが、市場の安定化に貢献しているとの見方や、実際にコントロールされていると思える市場もある。債券市場だ。債券市場とは、株式市場とは異なり、国が発行する国債、地方自治体が発行する地方債、その他、社債、転換社債といった債券を取り扱う市場だ。しかし、ここでも株式市場と同じ問題を提起したい。

日銀の政策が良い結果として債券市場が安定していると結論づけるのは、早計だと思う。私のような外国人投資家は、常に長期的な視点でマーケットを分析している。現在はうまく市場がコントロールされているかもしれない。しかし、この先もしっかりと政策が継続できなければ、株式市場と同じような状態に陥ると見ている。

だが、日本の市場関係者や投資家は、このような海外投資家の否定的な意見に、総じて耳を傾けようとしない。それどころか逆で、「見てみろ、日銀はこれほど素晴らしい金融政策に取り組んだ。だから、債券市場は安定している。どうだ、すごいだろう」と、成功を誇りがちだ。

多くの市場関係者は本当の危機が訪れるまで、そのような成功に浸りがちである。そして危機が訪れてから慌てて、政策に不満を言うなどするのである。

私から言わせれば、遅い。実際、株式市場はすでに暴落と上昇を繰り返すなど、日銀は決してマーケットをコントロールできているとは言えない。同じことが、債券市場でも起き得るのは何も不思議ではない。

## 昨今の投資意欲向上は、「失われた30年」を抜け出すきっかけになるか

自由に使えるお金が大量にある場合、どこかに流れていかなければならない。今の日本は、低金利政策や量的緩和によって大量に生み出された余剰資金がある。私はこ

のような余剰資金を「フリーマネー」と呼んでいる。フリーマネーは日銀の政策により生まれたお金とも言えるだろう。

日本におけるフリーマネーの多くは、株式市場に流入している。もちろん、日本の不動産市場でも好調な部分があるのは確かであり、これだけ自由に使えるフリーマネーがあれば、不動産市場へもかなりの額が流れていることだろう。

日本人は欧米など海外の人たちと比べると、投資に対する意欲や意識が低い。そこで政府は投資意欲を喚起しようと、株式や投資信託の運用で得た利益を非課税とする制度、ＮＩＳＡを２０１４年から始めた。

次ページの図を見て分かるとおり、ＮＩＳＡを利用する日本人、つまり投資を行う日本人は着実に増えている。

ただ当初のＮＩＳＡは、年間投資上限額が、一般ＮＩＳＡの株式・投資信託等において年間１２０万円まで、つみたてＮＩＳＡにおいて、年間40万円までに制限していた。また、それぞれ、5年間、20年間という非課税保有期間の制限があった。そこで

**つみたてNISAの口座数、買付額の推移**

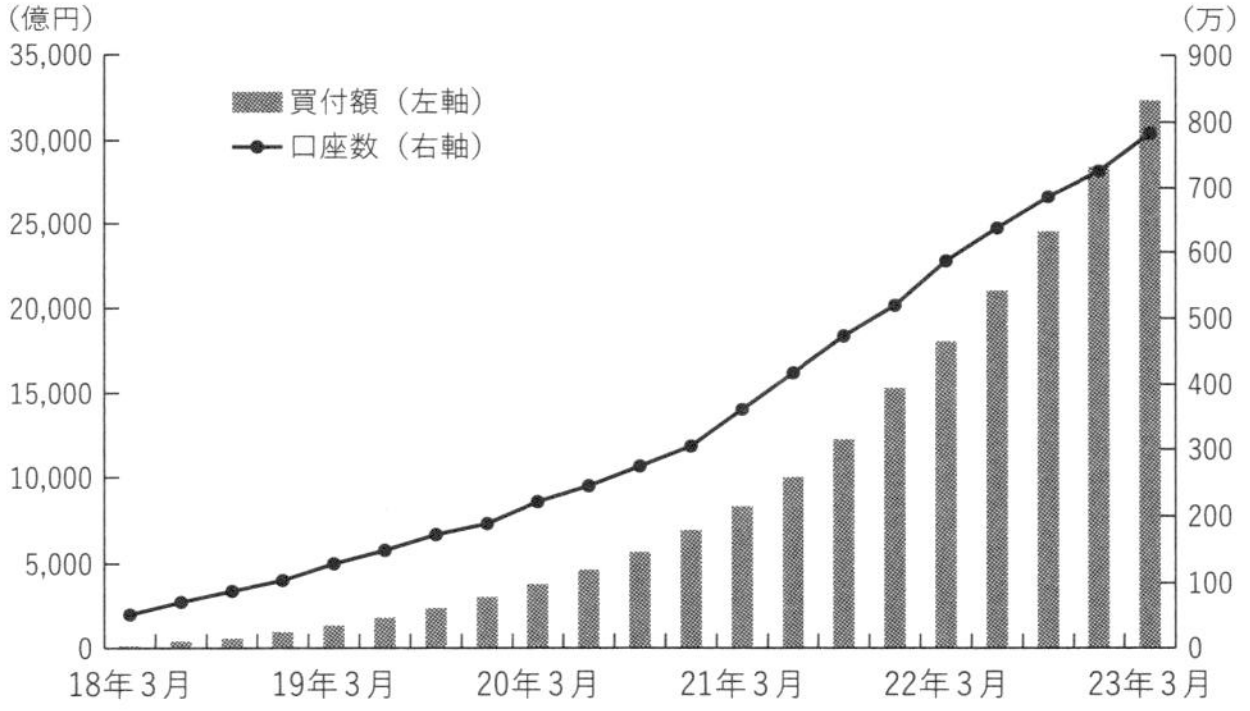


※各月末時点における口座数・買付額
出典：金融庁「NISA口座の利用状況調査（2023年3月末時点）」より引用

政府はさらにＮＩＳＡの利用者、投資を行う日本人を増やすべく、２０２４年から限度額を大幅に増額し、非課税期間を無期限とした新ＮＩＳＡをスタートさせた。

ＮＩＳＡならびに新ＮＩＳＡについての詳細な状況は、私よりも日本人、金融関係者や投資家、投資好きなビジネスパーソンなどの方が、よほど詳しいと思う。そのため、この制度の説明は、本書ではこのあたりにとどめておこう。

私が言いたいのは、これまで投資に消極的であった日本人が、投資に対して興味や意欲を持ったということだ。実際、新ＮＩＳＡをスタートさせたことで、ＮＩＳＡ利用者数は、急激に跳ね上がっている。

つまり今、日本の株式市場には大量のフリーマネーが流れ込んでいるのである。株式市場の投資家にとってはもちろん、株式市場関係者にとっても好ましい状況と言えるだろう。日本の株式市場関係者ならびに投資家は、日銀の金融政策の恩恵を受けている、とも言える。

しかし、このような恩恵はいつまでも続かない。フリーマネーは経済の歪《ひず》みを引き起こすからだ。この歪みは、実際に日本でも人口減少や国際競争力の低下といった問題を悪化させる一因となってきた。

## 17年ぶりの「利上げ」は金融正常化へつながるか

２０２４年3月、日銀は２０１６年の1月に導入され、大規模な金融緩和策の屋台骨でもあったマイナス金利政策を解除、17年ぶりに利上げを行った。同じく金融緩和の正常化プロセスの一つとして、こちらも2016年に導入した政策「イールドカーブ・コントロール（YCC）」も終了した。

イールドカーブ・コントロールとは、短期金利に加えて長期金利も低く抑え込む長短金利操作のスキームである。

さらには、こちらも同じく金融緩和策の一つとして取り組んでいた、ETF（上場投資信託）、REIT（不動産投資信託）の新規の購入もやめた。これは、金融市場に大量の資金を供給する目的で実施してきたものである。

マイナス金利からの脱却は、多くの人々の経済に対する不安を和らげる可能性があるだろう。しかし、金利水準はまだまだグローバルな、歴史的な標準と比べるとかなり低い。

植田総裁の就任直後からのスタンスや、関係者とのコミュニケーションから考察するに、急激な変化は望まないことが窺《うかが》える。これから徐々に、時間をかけて正常化のプロセスを推し進めていくのかもしれない。

つまり、今回のマイナス金利からの脱却は、あくまでも始まりに過ぎず、日本経済の本格的な立て直しには、さらなる改革と長期的な視点に立った政策が必要不可欠だ。現在の政策が維持され、金利がさらに引き上げられるかどうかは、まだ分からない。

いずれにせよ本当の意味での金融正常化、景気回復には痛みが伴うものだ。一方で、誰も痛みは望まない。植田総裁はそこを、押し切れるのかどうか。

株価が大暴落するといった、一部の痛みも出始めているように思える。しかし、株価の大暴落はあくまでも別の要因によるものに私には見える。長年にわたりゼロ金利政策を続けてきたことに端を発する、異常とも言える株価の高騰による投資家からの反発、経済の歪みによるものだ。

植田総裁が行った政策への評価や今後の日本経済については、改めて177ページで詳述したい。

## 投資や貯蓄を呼び込まなければ、日本経済は衰退の一途

日銀が取るべき選択肢、日本が再興するための取り組みについても、最終章（153ページ）で改めて述べることにするが、序章でも少し触れておく。

結論から言えば、まずは自国の経済基盤を健全化することが不可欠だ。実現のためには現状を正確に認識し、勇気ある決断を下す必要がある。これは、日本だけでなく世界経済全体の未来にも関わる重要な課題でもある。

日銀がなすべきことは明確だ。読者にはしっかりと認識してほしい内容なので、本書では繰り返し述べていくが、まずは日銀がお金を刷ることをやめること。

さらに、日本国内で投資を奨励するためにできることは、何でも実行に移していく。ここでは特に、投資について言及する。

投資は国の経済成長にとって非常に重要だ。投資は、貯蓄を生産性の向上、新しいビジネスの創出に利用することを意味する。

これらの活動によって経済全体の需要を高め、雇用機会を創出し、経済成長を促進することができる。また投資は技術革新やインフラ整備にも貢献し、長期的な経済発展に寄与する。つまり日本は、投資意欲を呼び戻すことができなければ、経済再興はおろか、さらなる衰退の一途をたどることになる。

まずは、親世代が投資を積極的に行っていくことが大事だ。一方、ゼロ金利が当たり前の時代に育った貯蓄・投資意欲の低い若い世代も、日本の将来のために、投資が重要であることを理解する必要がある。

日本ではタンス預金と呼ばれるように、ゼロ金利政策が実施される以前、特にシニア層における貯蓄率は高いとのイメージがある。

しかし、あくまでイメージであり、実際には、日本人が海外の状況や他国の人々の行動や実態を、十分に把握していないと私は見ている。

貯蓄率は「総貯蓄率」とも呼ばれる指標であり、「貯蓄額÷可処分所得（手取り収入）×100」で計算することができる。

利子が少ない、ゼロ金利政策が長く続くことで貯蓄意欲が減退したとの議論は当然あるが、それを差し引いても日本の貯蓄率は低いと言わざるを得ない（次ページ上図参照）。

資産における現金・預金と、株式・投信、保険・年金といった商品の割合を、日本、欧米とで比較したグラフを見ると、このあたりの事情が垣間見えてくる。確かに、日本人の資産における現金・預金の割合は多い（次ページ下図参照）。そのため、現金・預金は多く貯金している、とイメージしがちだ。

さらに、日本ではシニア世代が投資をあまり行ってこなかったとのイメージもあ

## 家計貯蓄

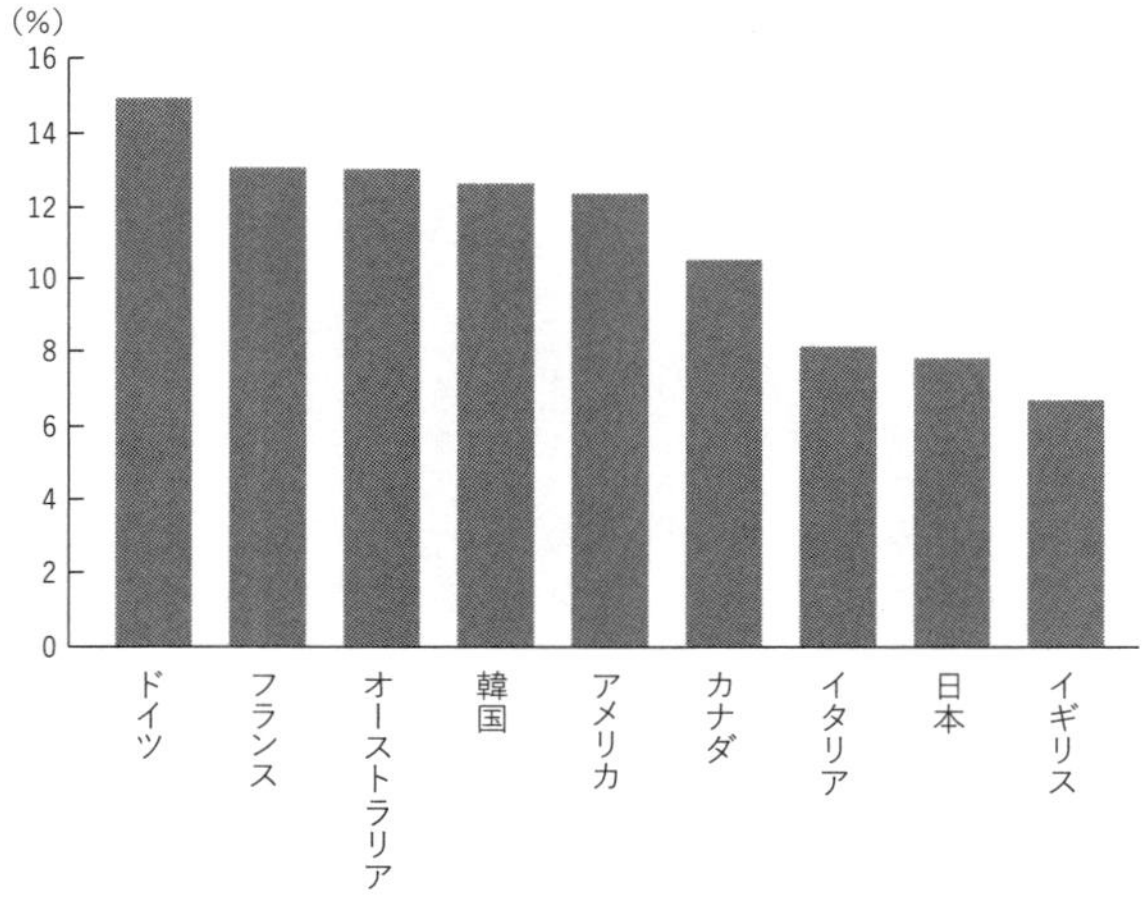


出典：OECD「Household savings」（2021年）のデータを基にSBクリエイティブ株式会社が作成

## 家計の金融資産構成

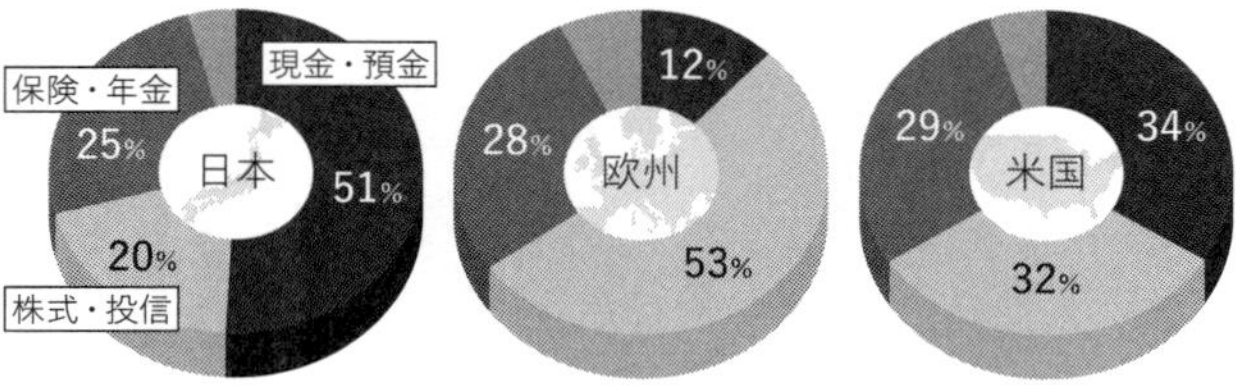


出典：日本銀行調査統計局「資金循環の日米欧比較」（2024年）のデータを基にSBクリエイティブ株式会社が作成

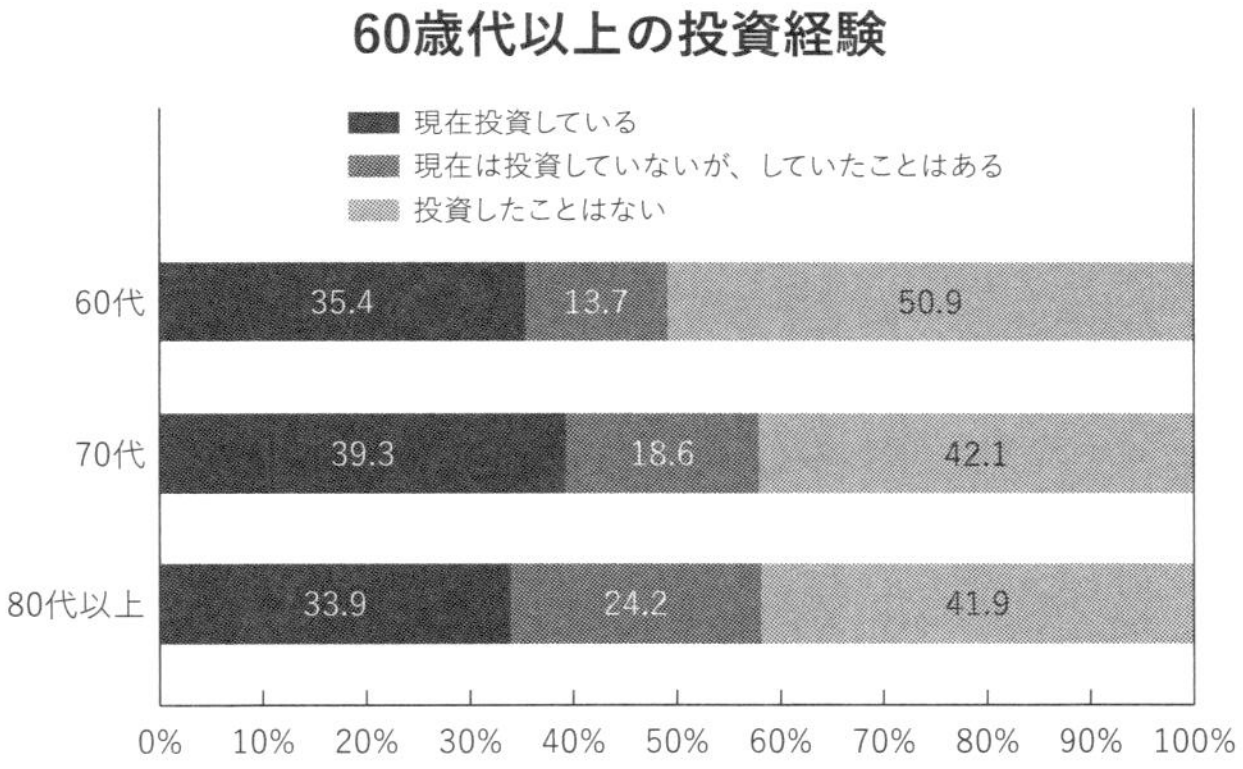


出典：投資信託協会「60歳代以上の投資信託等に関するアンケート調査　調査結果サマリー」（2022年）のデータを基にSBクリエイティブ株式会社が作成

る。しかしこちらもあくまでイメージであり、実際には数十年前から日本人のシニア層が国内はもちろん、海外のマーケットに投資する機会は開かれており、投資に積極的であったシニアの人たちも大勢いる（上図参照）。

ところが、日本から資金が流出することを危惧した日銀がメディアに対して、そのようなトピックスやニュースを伝えないように働きかけていたのではないか、と考えることもできる。ただこのような取り組み、いわゆる情報操作は日本に限ったことではないのではなかろうか。

多くの国ならびに、各国の中央銀行でも似たような状況が見られることがある。たとえば、アメリカにおいて、国内メディアが国民に対して、「アメリカよりもドイツのマーケットで株を買った方がいい」と助言し、強い反発を受けるようなことだ。

ただし今述べたことは、何十年も前の話だ。今では、国内外のありとあらゆる正確な情報を誰でも簡単に入手できるようになった。いずれせよ私が言いたいことは、日本のマーケットに積極的に投資を呼び込むことが重要であり、実現できなければ日本は衰退の一途をたどるだろう、ということである。

## 円安で訪れる「通貨危機」の可能性

円安が止まらない。現在の円安相場は、2022年3月ごろから始まった。当時110円台半ばで推移していた円ドル相場は、3月下旬になると120円台まで下落。さらに下落を続け、2022年10月には150円台に迫る。

このような急激な円安局面を受けた政府は、２０２２年9月と10月に、大規模な為替介入に踏み切った。具体的には２０２２年９〜10月の間で6兆３４９９億円を投入し、円を買った。

政府が為替に介入したのは24年振りであった。先の投入金額が前回の金額を大幅に上回る、１カ月の間の為替介入額としては過去最大の金額であることからも、歴史的な円安であったことが窺える。

その後、一度は円安は収まりかけたように見えた。だが、２０２３年から24年にかけて再び円安傾向となる。２０２４年の４月29日には34年ぶりという１６０円台の大台を突破。本書の原稿を書いている8月8日現在では、世界中で株価が急落している状況も関係し、１４０円台に戻っているが、円安状態は依然として進んでいる、と言えるだろう。

今、世界は、通貨よりも物価が上昇するインフレ傾向にある。ロシア・ウクライナ戦争の影響も大きい。このような状況のもと円安が加速し、世界中の投資家たちから日本円は捨てられ始めたのである。

現在の日本の状況を見ていると、イギリスが破綻したときの状況と似ているように感じられ、私は心配でならない。イギリスの破綻については、後述する。

そもそも今回の円安の原因は何なのか、考察してみたい。短期的な原因は、アメリカの中央銀行であるＦＲＢが、大幅な利上げを実施したことだろう。日本のメディアや専門家にもそのような論調が多く見られるし、実際に米国の利回りの情報や状況により、円の相場が影響を受けていたことは事実だ。


しかし、円安の根本原因は他にあると私は見ている。日銀の政策である。金融緩和政策と称し、日銀が日本円を刷り続けた結果、日本円の価値が下がったと考えているからだ。日銀は２０１６年以降、金融緩和政策を強化するために、指定した利回りで国債を際限なく買い入れることを決定。その原資として、日本円を際限なく印刷し続けた。

自国の通貨を刷り続ければ、価値が下がるのは必然であり、これは経済に詳しくない人でも分かるシンプルなことだ。つまり、日銀がこのような姿勢を改めない限り、通貨安は続くだろう。２０２２年12月に、このような金融緩和策の方針転換を決めたが、あくまで一部見直しに過ぎないと私は見ている。

財務上の問題を抱える国家では、通貨が値下がりする現象が必ず見られる。通貨の本当の実力を示す日本の実質実効為替レートの２０２２年における数字を見ると、73～86程度で推移している。つまり、日本円は実に30年前の安値まで落ち込んでいると言える。

日銀の政策により円の価値が下がっている状況の中、逆にアメリカは利上げしているので、多くの投資家や資産家は円を売ってドルを買う、という動きに出たのである。

もちろん、通貨を購入する理由は利回りだけでなく、その通貨を扱う国が安全であるかどうかといった点も重要な判断要素だ。そういった観点では日本円は魅力的であり、リスク回避のために持っておく、という投資家もいるだろう。

しかし今回の円安では、そのようなリスクヘッジを抜きにしても、円は大幅に売られ、捨てられ始めたのである。

私は、日本の財務状況は、ウクライナと戦争をしている現在のロシアよりも悪いと思っている。国の負債額がロシアと比べはるかに大きいからだ。国債の利回りが世界の主要国と比べて低いのも問題だ。つまり現在の円安は、日銀が長年続けてきたゼロ金利政策が原因だと結論づけることができる。

私たち投資家は、市場の動きを注視している。特に外国為替市場で起きていることは、各国の問題や政策における課題を明るみに出すからだ。つまり外国為替相場は、その国でどのような政策が進められ、それにより何が起きているのかを示す、一つの重要な指標なのである。

このまま円安が進行する——日本円が海外の投資家から捨てられ続ける状況にまで落ち込んだら、円が別の通貨に置き換わったり、国が新しい通貨を発行したりするなどということも起こり得るだろう。
実際、深刻な経済不況やインフレが進んだジンバブエでは、それまで流通していたジンバブエ・ドルを廃止。米ドルや南アフリカのランドといった他国の通貨の利用を経て、新たなジンバブエ・ドルが発行されている。

「日本は大丈夫」「今回は大丈夫」。私が以前から述べていることでもあるが、このような考えは間違いであることを、序章の最後に述べておきたい。

# 第1章

# 日銀が果たすべき役割

## 本来の中央銀行の役割

改めて日銀、中央銀行について述べたい。中央銀行とは、通貨を発行し、国や特定地域における金融機関の中核となり得る、銀行や金融機関のことを言う。

日本であれば「ＢＯＪ（Bank of Japan／日本銀行)」、アメリカなら「ＦＲＢ（Federal Reserve Board／連邦準備制度理事会)」、イギリスであれば「ＢＯＥ（Bank of England／イングランド銀行)」、ＥＵ（欧州連合）であれば「ＥＣＢ（European Central Bank／欧州中央銀行)」などが、中央銀行に該当する。

世界最古の中央銀行はスウェーデンのスウェーデン国立銀行であり、設立は１６６８年。２０１８年に創立３５０年を迎えた歴史を誇り、「Riskbank《リスクバンク》」とも呼ばれる。

金融政策は各国が独自に取り組むだけではなく、世界各国の中央銀行が協調することが求められる。そのため、各国の中央銀行やＥＣＢなどのトップに加え、同じく各国の財務大臣などが定期的に集まり、金融や世界経済に関する会議を開催している。G7やG20である。

中央銀行の役割は、物価ならびに金融システムの安定を保つことであり、これらの役割を達成するために各種金融政策を担っている。そのため「物価の番人」「通貨の番人」とも呼ばれる。

日本では、政府の金融政策を日銀が進めているように思っている人がいるようだが、中央銀行はあくまで政府とは別、政府からは独立した組織であり、独自の判断で先2つの役割を達成することが求められている。

というのも政府、政治家は、国民から支持を得ることで議員として在り続けていたい、との傾向が強いからだ。語弊のある言い方かもしれないが、受けのいい、耳当たりの良い政策を打ち出しがちだ。

たとえば「私が議員になった暁には消費税を廃止する」といった、実行することが到底難しいと思える政策や宣言などである。

実際、政府が金融政策に深く介入することで、本来の中央銀行の使命である物価の安定が阻害されたり、経済や金融が不安定になったりする。これは長期的な観点で捉えた場合、大きなリスクとなる可能性が歴史上、度々指摘されてきている。こちらについては59ページで、事例を紹介する。

中央銀行の役割は国や地域によって多少の違いはあるが、日銀における役割は大きく3つある。①紙幣発行、②政府の銀行、③民間銀行の銀行であり、一般的な銀行のように、個人のお金を預かるような業務は行っていない（次ページ図参照）。

①の紙幣発行とはそのまま、日本円を印刷機で刷るという役割のことだ。

②の政府の銀行とは、政府からの依頼を受け、政府が日本国民から徴収した税金や、国債の販売で得たお金を管理する役割である。保有するお金を公共事業や公務員の給与支払いに支出する、といった業務が該当する。政府が日銀に預金口座を持っている、とイメージすると分かりやすいだろう。

**中央銀行の3つの役割**

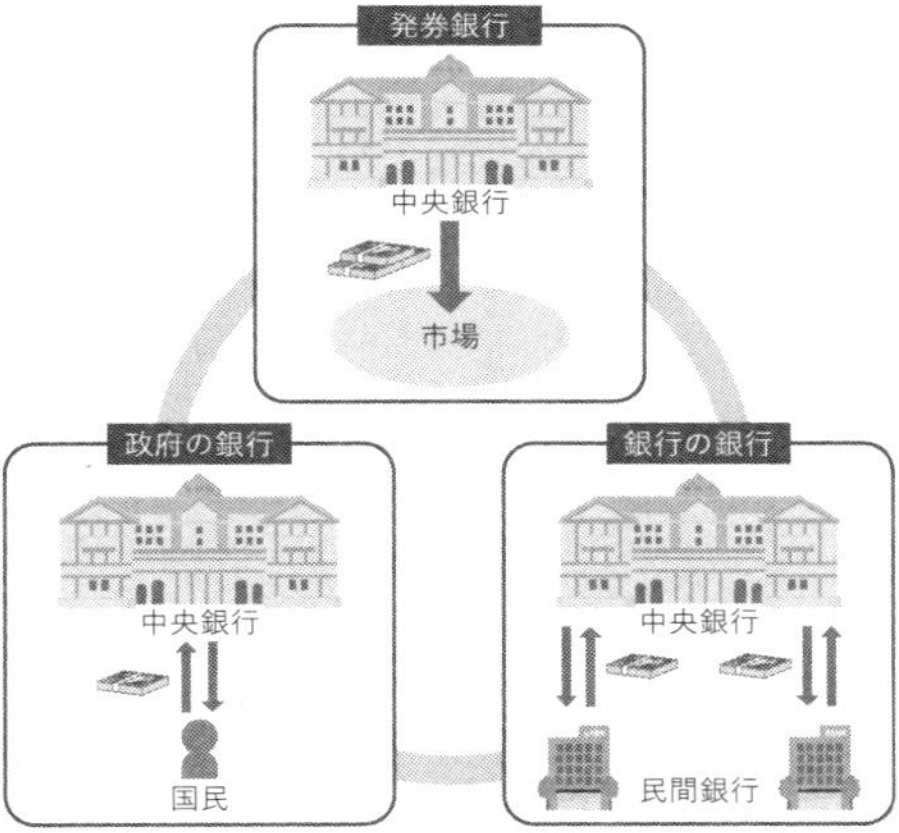


③の民間銀行の銀行とは、民間の銀行とやり取りをする役割のことである。先の政府の銀行と近しく、民間銀行が日銀に口座を持っており、お金の出し入れをしている。たとえば、民間の金融機関が保有する国債を日銀が買い取り、その代金を民間の金融機関に支払う、といったやり取りなどだ。

## 景気はコントロールしないのが望ましい

日銀の役割は大きく3つあると述べたが、実はもう一つある。景気のコントロールだ。具体的には、民間の金融機関を対象に国債や手形などの売買を通じて、市場のお金の量をコントロールする。このような取り組みは「公開市場操作」と呼ばれる。

まさに日銀が長年取り組んできた景気コントロールでもあるが、日本は長い間、デフレ状態にあった。そこで日銀は金融機関から国債を買い取ることで、世の中のお金の量を増やし、デフレからの脱却を目指したのである。

このように、市場に資金を供給するオペレーションを、「買いオペ」。逆に、インフレのときなどに金融機関に国債を売り世の中の通貨を減らすことを、「売りオペ」と言う。

景気コントロール、市場操作で行っているもう一つの取り組みが、金利の設定だ。

日銀が設定した金利は民間の金融機関が設定する金利と相関するため、日銀が金利を低くすれば、世の中の銀行の金利が低く設定される。逆に、高くすれば同じく高くなる。

日銀はこのように大きな影響力を持っているため、物価はもちろん景気動向にも、日銀の政策は大きく関与しているのである。しかしだからこそ私は、日銀は景気コントロールに関する取り組みには介入しないことが望ましい、と考えている。

というのも、経済や景気の動向は往々にして中央銀行がコントロールするよりも、市場に任せておくべきで、市場の力を信じることが重要だと思うからだ。そして実際、これは歴史が物語っていることだが、これまで市場は中央銀行よりも賢明な判断を下してきた。

逆に、中央銀行が行う人為的な取り組みは、不動産の異常な価格高騰など、市場を歪《ゆが》めてきた。これは、ひとえに、市場は参加する全員の集合知を反映しているからだ、と私は思っている。

もちろん、市場も間違いを犯すことはある。しかし総じて、中央銀行よりも賢明な判断を下すことが多い。逆に、中央銀行が市場に介入することは、往々にして問題をさらに悪化させる傾向が強い。

物価の安定には、通貨の安定が求められる。通貨の安定は、最終的に経済成長を成し遂げるために重要な要素でもある。通貨を安定させることは単にお金を大量に印刷して、強制的に経済成長を促すだけでは、なし得ない。

このような考えから、私が日銀の総裁であったら、景気をコントロールし、市場を操るような取り組みは一切行わない。

## 歴史上の優れた中央銀行の例に学ぶ

中央銀行が市場に介入し、景気をコントロールしないことが望ましいとの考えを述べた。一方で、市場に介入し経済を復興させた例も、まれではあるがいくつかある（正確には中央銀行というよりも、政策を実行したリーダーの存在が大きいと言えるが）ので紹介したい。

## ・ウィリアム・マーティン／金融引き締めを徹底しアメリカの好景気を実現

まずはアメリカの事例を紹介しよう。１９５１～70年に、ＦＲＢの第9代議長を務めたウィリアム・マーティンだ。マーティンは節制や倹約を美徳と考えており、金融政策に関しては慎重路線で進めることが多く、引き締め政策を取ることが多かった。

金融引き締めとは、日本が長年行ってきた金融緩和政策と対照的な取り組みである。物価が上昇するなどインフレ局面において、政策金利や預金準備率を引き上げたり、中央銀行が保有する資産を売却したりすることで、市場のお金の供給量を減らす。その結果、消費や投資といった国民の経済活動の抑制を促す。

マーティンは懸命に歴史と経済学を学び、インフレが起これば借金はさらに悪化し、金利は上昇、問題がさらに大きくなることを理解していた。そのため彼は物事を落ち着かせ、安定させようとした。

マーティンは、タダ同然の融資や非常に低い金利での融資を拒否。ローンを組むのであれば、適正な金利を支払って返済しなければならない、と主張した。マーティンの政策は一部の人々に痛みを与えたが、長期的には経済の安定につながっていく。マーティンの金融引き締め路線の結果、１９５０～60年代のアメリカは、好景気を迎えることになる。

そんな彼が、名言を残しているので紹介したい。「The Federal Reserve... is in the position of the chaperone who has ordered the punch bowl removed just when the party was really warming up」。日本語に訳すと、「ＦＲＢの仕事はパーティーが盛り上がったタイミングで、パンチボウル（お酒の入った大きなボウル）を片付けること」。

この言葉は、１９５５年に銀行関係者との会合で発したと言われている。景気が過熱することによって生じる物価の上昇を防ぐことが中央銀行の使命だ、とマーティンは述べており、あえて憎まれ役となったのである。マーティンの言動からは、ＦＲＢ

トップとしての強い意志や矜持《きょうじ》が伝わってくる。

一方で、政治家は目先の盛り上がりを好む。そのためマーティンは金融緩和を望んだ政治家からは嫌われることとなり、特に第36代アメリカ合衆国大統領のリンドン・ジョンソンとやり合っていたと言われている。

ときにはジョンソン大統領の自宅に呼ばれ、壁に押し付けられるなどの暴力を受けることもあったと、噂されるほどでもあった。結果としてマーティンは20年近くFRBを牽引《けんいん》。FRB議長の中で、現在に至るまで最も長く活躍した人物でもある。

## ・ポール・ボルカー／金利を20％まで上昇させインフラを収束

第二次世界大戦で戦勝国となったアメリカは、名実ともに世界一の超大国となり、君臨することとなる。好景気が続くなど経済は好調。高い経済成長率を維持し、国民の多くが幸せを感じるようになり、まさに黄金時代を迎えていた。

しかし、一流国が長きにわたり世界を制覇し続けることは、歴史を見ても存在しない。現にアメリカは１９６０年代半ば以降、ベトナム戦争の影響などもあり、国内に混乱が生じていく。70年代に入ると景気は低迷。インフレが加速、インフレ率は2桁、10％を超えるような年も出るようになってしまう。

このような悪い状況を止めたのが、１９７９～87年にＦＲＢの第12代議長を務めたポール・ボルカーである。ボルカーがＦＲＢの議長に就任したころには、アメリカのインフレ率は14％にまで上昇、米国史上最大の数字を記録していた。

ボルカーはさらなるインフレを抑制するために、大胆な金利引き上げを実施、政策金利を19・1％にまで高めた。当然、市場は大きな影響を受け混乱する。経済は悪化し、失業率も上昇した。

しかしボルカーは、痛みを伴わない政策は意味がないことを知っていたのだろう。国民からの反発を受けても、高金利を維持し続けた。当然、ボルカーは国民からだけでなく政治家からも嫌われることになる。

ここでもボルカーは、政治家の意見に耳を貸すことなく、高金利を貫き通した。そして、そのようなボルカーの強い意志によるものか、アメリカで長く続いていた超インフレの時代は終わりを告げる。株式市場も上昇。改めて世界の覇権国として、さらなる成長を遂げていくことになる。

多くの政治家に嫌われたボルカーだが、彼を支持する者もいた。ボルカーを議長に任命した人物でもある、第39代アメリカ合衆国大統領、ジミー・カーターだ。カーター大統領はボルカーに「あなたが正しいと思うことをしなさい。私はあなたを支持します」と伝え、実際にそのとおりの行動を取った。

しかし先述したように、国民の多くはボルカーの政策を支持しなかった。そして、そんなボルカーを支持するカーターをも支持することはなかった。結果、カーターが大統領を務めたのは4年。一期でその座から退くこととなる。

FRB議長に就任していたときには、国民や政治家から嫌われていたボルカーだが、私は国民も心の底ではインフレを終わらせたいと思っていたと感じているし、それを成し遂げたボルカーを評価している。

その理由は、ボルカーが、FRB議長を退任した後も、さまざまな公的機関の改革の舵《かじ》取り役や、不祥事が起きた組織の調査などに抜擢《ばってき》され、活躍しているからだ。現在のFRB議長であるジェローム・パウエルも、ボルカーのような存在になりたいと考えているのではないかと私は見ている。

**・インド準備銀行とモディ首相／政府・国民・金融機関を統合したシステムを整備**

続いてはインドの中央銀行、「RBI（Reserve Bank of India／インド準備銀行）」の取り組みだ。RBIは経済成長を念頭に、信頼と安定を重視しながら推し進めていく政策を実行してきた。

1つ目は、長年にわたる銀行システムの改革である。インドでは1990年代以降、経済改革の一つとして、金融システムの整備を推し進めていった。金融機関向けのソフトウエアやシステム、ソリューションなどを開発・提供する自国の金融テクノロジー企業Intellect Design Arena（インテレクト・デザイン・アリーナ）と提携している。

ＲＢＩは、大規模かつ最新の金融システムの構築に取り組み、実現していった。このシステムにより、行員は金融業務の大幅な改善を実現する一方で、国民に対しては税金などがスムーズに支払えるシステムを完成させた。

政府、国民、金融機関という３つのセグメントを統合した同システムの整備により、インドでは銀行や株式市場のマーケットが拡大していった。

ＲＢＩの金融システムを構築したIntellect Design Arenaはその後、インドのみならず欧米をはじめとする、世界各国の金融機関や組織にもソリューションを提供。現在の提供先は１００カ国近くにまで増え、顧客数は２６０を超えるまでに成長を遂げている。

２つ目は、世界各国と金融システムを相互接続する取り組みだ。たとえば、私が暮らすシンガポールとインドは、２０２３年に相互送金システムを接続している。

さらには、「ＢＩＳ（Bank for International Settlements／国際決済銀行）」が中心となっ

て進める国際的なプロジェクト、各国の金融機関をつないで即時に決済を行うシステム「ＩＰＳ（Instant Payment System）」への参画も表明した。

ＢＩＳは各国の中央銀行のための中央銀行、国際銀行のような存在であり、主要国の出資により１９３０年にスイスのバーゼルで設立された。現在は63の国と地域が加盟しており、日銀もメンバーとなっている。

ＢＩＳは、各国中央銀行間の政策協力や促進の他、国際銀行の名にふさわしい、各国間のお金の受け入れ業務も担う。そのような業務をスムーズに進めるべく開発されたのが、ＩＰＳというわけだ。

ＩＰＳのハブとなるセンターは、シンガポールに開設されている。ＩＰＳはこれまで、ＥＣＢの即時決済システム「ＴＩＰＳ（Target Instant Payment Settlement）」、同じくシンガポールの同システム「ＦＡＳＴ（Fast and Secure Transfers）」などとの連携を進めており、今回、世界最大のインドの電子決済システム「ＵＰＩ（Unified Payments Interface）」との連携が実現すれば、インドならびに世界の経済成長に大きく寄与することは間違いない。

インドではこのようなＲＢＩの取り組みもあり、今、世界で最も急速に経済成長を遂げている国となっている。直近の経済成長率は約８％。この先も経済成長は継続すると予測されており、米国を抜いて世界第2位の経済大国になると言われている。

ちなみに、数十年後に世界の覇権国となっているのは、中国だと私は見ている。インドも魅力的だが、多民族国家のために多くの言葉が使われており、また官僚の権力が強いために、いわゆる不正が横行しているとの課題があるからだ。

このあたりについては本書で扱うメインテーマとは離れるので割愛するが、私の他の著書で詳しく書いたので、気になる人は参考にしてもらいたい。

政府と中央銀行は対立すると述べてきたが、インドのナレンドラ・モディ首相はＲＢＩの取り組みを称賛するとともに、経済成長を重視する姿勢を示した。

その結果、国民からの支持を受け続け、２０２４年6月に行われた総選挙において

## 購買力平価（PPP）ベースのGDPに基づく経済の予測ランキング

| 順位 | 2030年 |
|---|---|
| 1 | 中国 |
| 2 | 米国 |
| 3 | インド |
| 4 | 日本 |
| 5 | インドネシア |
| 6 | ロシア |
| 7 | ドイツ |
| 8 | ブラジル |
| 9 | メキシコ |
| 10 | 英国 |

| 順位 | 2050年 |
|---|---|
| 1 | 中国 |
| 2 | インド |
| 3 | 米国 |
| 4 | インドネシア |
| 5 | ブラジル |
| 6 | ロシア |
| 7 | メキシコ |
| 8 | 日本 |
| 9 | ドイツ |
| 10 | 英国 |

出典：PwC「The Long View　How will the global economic order change by 2050?」のデータを基にSBクリエイティブ株式会社が作成

も与党連合が過半数を維持し、２０１４年から続く３期目の首相の座に就任した。

## 歴史的失敗から学ぶ、日銀が繰り返すべきでない教訓

これまで紹介してきたＦＲＢやインドの中央銀行の成功例はまれだと述べたとおり、中央銀行が市場に介入したことによる失敗例も多い。その中から一つ紹介したい。

### ・アーサー・バーンズ／低金利を据え置きインフラを加速

１９７０年から78年にかけて、ＦＲＢの第10代議長を務めたアーサー・バーンズである。ボルカーが止めた、米国最大のインフレを引き起こした上に、その対応にも失敗した、と言われる議長である。

実は、バーンズが議長に就任したとき、すでにインフレは進行していた。しかし、まだ傷口は浅かった。ところがバーンズは当時の大統領、リチャード・ニクソンのご機嫌を取るために、正しい政策を実行しなかった。

金利を低いままに据え置いたのである。さらには経済の状況を示すデータから、インフレが進んでいることを国民に悟らせないよう、インフレ率の項目を削除するなど、隠蔽《いんぺい》に近いような小細工まで行った。

バーンズはコロンビア大学で学びその後、同大学で教授となり、教鞭を執ったり論文を発表したりしている。政府の諮問委員会である、大統領経済諮問委員会で委員長を務めた経験がある。アメリカ最大の経済学の研究機関であり、多くのノーベル経済学賞受賞者を輩出している全米経済研究所の局長も務めるなど、知識も経験もキャリアも豊富であり、文句のない人物であった。

バーンズほどの知識があれば、インフレを抑制するには利上げを実施する必要があることは、分かっていたはずだ。しかし、それをしなかった。正確にはできなかった。実行する勇気を持ち合わせていなかったからではないか、と私は見ている。

一方でマーティンやボルカーは、痛みを伴うことが分かっていながら、将来のアメリカ、アメリカ国民のことを考え、多くの批判を受けるであろう厳しい政策を実行した。

インドも同様だ。インド政府は経済発展、ならびに経済の健全性を維持するために先のような道を選んだ。実は先ほどは触れなかったが、インドは物価高騰や雇用といった問題を抱えていた。国民の中には金融システムの整備よりも、これらの問題を解決してほしいと望む人たちも、少なくなかった。

けれどもモディ首相ならびにＲＢＩは短期的な人気を得るよりも、長期的な経済の安定を重視する政策を示し、実行していった。そして今まさに、成果も出ている。

## 日銀のこれまでの歩み

これまで、世界の中央銀行のいくつかの事例を見てきた。その上で改めて、日本の中央銀行である日銀の歴史、これまでの歩みについても紹介していきたい。

## ・通貨の統一、価値安定化を目指し設立

日銀が設立した背景を述べるには、お金にまつわる日本の歴史に触れておく必要がある。江戸時代の日本では、神社や商人などによる、発行元の異なる紙幣が乱立していた。加えて江戸幕府が発行する、「金・銀・銭《ぜに》」という、3種類の貨幣も流通していた。これを「三貨制度」という。

紙幣は他にもまだあった。各地の藩が以前から使っていた「藩札」である。現代に当てはめれば、地域通貨のようなものと言えるだろう。政権が明治政府に移っても、藩札の発行は続いた。

まさに日銀が行っていたように、各地の藩が財政難を立て直すためには、自分のところでお金を刷るのが手っ取り早いからだ。実際、1871（明治4）年の時点では、全国の約8割、244藩で紙幣が刷られていた。

さらに、明治政府や各地の銀行もお札を発行した。そして1876（明治9）年に成立した国立銀行条例で不換紙幣の発行が認められたため、明治政府自身も大量のお札を発行する。当然、社会はインフレ状態となった。

そこで明治政府は、インフレ対策ならびに通貨の統一などを目指し、日銀を設立することになったのである。

もうひとつ、日銀の設立は明治政府が掲げていた殖産興業政策を、推し進める目的もあった。殖産興業は、強い軍隊を持つことを目的とした政策「富国強兵」達成のために行われた。

というのも当時、明治政府が刷っていたお金は不換紙幣であり、財政基盤が盤石とは言えなかったからだ。不換紙幣とはその名のとおり、金《きん》と交換することができない紙幣である。

ご存じのように金は希少価値が高く、世界中どこでも価値が正しく認められる。そこで紙幣を金と同じ価値とすることで、通貨の価値基準を安定化させる。このような仕組みを「金本位制」という。

イギリスで生まれた同制度は19世紀から20世紀の間、世界各国で取り入れられた。ちなみに不換紙幣に対し、金や銀など価値あるものと交換できる紙幣を「兌換《だかん》紙幣」と呼ぶ。

少し専門的な話になってしまったが、ここで私が伝えたいのは信頼の乏しい政府や組織が「1万円」だと言って発行した紙幣よりも、同額の金といつでも交換できることが約束された兌換紙幣の方が信頼度も高い、ということだ。


このような背景から、当時の財務大臣であった松方正義は、不換紙幣の回収ならびに整理を行うとともに、日銀に同等の価値を持つ貨幣と交換できる紙幣「日本銀行兌換券」を発行させることとなった。

加えて、日銀を中核に銀行制度を整備することで、世界からの信用も高めていこうと考えたのである。

## ・歴代総裁ならびに主な政策

ＦＲＢの歴代議長を紹介したので、日銀の歴代総裁についても、各時代における要所で就任した重要人物と、その人物が日銀総裁としてどのような政策を行ったのか、紹介していきたい。歴史を知ることは、今の日銀の政策が正しいのかどうかを判断する上でも、大切なことだからだ。

初代の総裁は、吉原重俊。１８８２（明治15）年から87（明治20）年まで務めた。吉原は幼いころから学業優秀な人物であり、アメリカやイギリスへの留学を経験する。アメリカ留学中に外務省書記官となり、在米日本大使館に勤める。その後、大蔵省に異動し松方のもとでの活躍が認められ、初代の日銀総裁に抜擢された。

吉原は就任すると、明治政府ならびに全国各地の国立銀行が発行していた、不換紙幣の回収ならびに整理を進めていく。加えて、日銀が発行する紙幣が、日本における現金通貨の主軸となるようにも取り組んでいった。

さらには手形や小切手といった、お金のやり取りを便利にする、今では当たり前の銀行サービスの推進に努めるなど、まさしく近代的な金融制度を日本に普及させるために尽力していく。

## ・岩崎彌之助の代に「金本位制」を導入

念願であった金本位制は第4代総裁、岩崎彌之助《やのすけ》の時代に実現する。岩崎は1896（明治29）年から98（明治31）年まで総裁を務め、現在では当たり前となった金融政策の一つである、民間の金融機関から国債を買い上げるオペレーションを導入した。

その他、金融政策の多様化を進めていくなど、日本経済の安定と発展に貢献していった。ちなみに岩崎は、兄の彌太郎と共に三菱財閥（現・三菱グループ）の礎を築いた人物であり、三菱財閥の2代目総帥でもある。

## ・日露戦争、第一次世界大戦からの復興に寄与

1913（大正2）年から19（大正8）年の第一次世界大戦中に在任したのが、第8代総裁の三島彌太郎だ。7年半にわたり海外生活を経験した三島は、金融経済に精通していた人物であり、1913年に日銀総裁となる。

三島はまずは、ロシア帝国と日本の間で行われた日露戦争（1904～05年）により生じた、多額の国際収支赤字からの脱却に尽力する。第一次世界大戦が勃発した後は一転、輸出が一気に増加したことによる好景気の中、金融政策を引っ張っていく。

具体的には、政府に対し国庫の余剰金などを使い、日銀が保有する外貨の買い入れを実現させたほか、日本で初となる市中銀行との預金金利協定の成立に関わり、金利高騰を防ぐために努めた。

## ・世界恐慌を乗り越えて

アメリカのみならず、世界の金融の中心地とも言われるウォール街。そのウォール街で株価が大暴落したことにより、世界中に経済不況が広まっていったのが、1929年から1930年代後半にかけて続いた世界恐慌である。

この世界恐慌中に日銀総裁に就任したのが、第12代総裁の土方久徴《ひじかたひさあきら》である。土方は世界恐慌の際に日銀が実施した臨時貸出の資金が、依然としてマーケットに滞留していることに着目する。

そして土方は、国債を売る「売りオペ」を行うことで、その回収に取り組んだ。また当時は金の輸出が解禁されたり再び禁止になったりするなど制度変更が相次いだが、変化に応じた金融政策で臨んだ。

しかし、世界恐慌の影響は大きく、日本は深刻なデフレとなってしまう。そこで土方は金本位制の廃止を決定。なお金本位制の廃止を決めたのは日銀だけではなく、他国の中央銀行も同様であり、以降は金の保有量とは関係なく各国の中央銀行が自由に紙幣を発行する、不換紙幣制度に再び戻ることとなる。

そして現在に至るまで、国の信用により紙幣の価値が決まる状況が続いている。

## ・第二次世界大戦終結

戦時中の混乱期に総裁に就任した一人に、日本を代表する偉大な実業家、渋澤栄一の孫がいる。第16代総裁、渋澤敬三だ。幼いころから家業継承を命じられていた渋澤は、東京帝国大学経済学部で学んだ後、実業界に進む。

そして1944(昭和19)年、第二次世界大戦終結間近というタイミングで、日銀の総裁に就くこととなる。当時は軍が力を持つ大日本帝国時代であったこともあり、政府や軍から無理難題を押し付けられることも多く、激しいインフレが発生するなど、経済をコントロールすることは難しかった。

一方、戦争が終結した後は大蔵大臣としても活躍する。新円への切り替えや財産税の導入など、戦後で混乱していた日本経済の収拾と復興に努めた。

## ・高度経済成長期

インドの経済成長率は8％ほどを維持しており、この状態がこの後もしばらく続き、いずれは世界トップクラスの経済大国になると、先ほど述べた。実は日本でも、私のような老人であれば多くが知っているように、そのような高い経済成長率が継続した時代があった。

1955（昭和30）年ごろから73（昭和48）年ごろまで、およそ20年にわたり実質の経済成長率が年平均で10％前後を記録し続けていた、「高度経済成長期」と呼ばれた時代だ。

高度経済成長期がまさにこれから、というタイミングで日銀の総裁になったのが、第20代総裁の山際正道である。在職は1956（昭和31）年から64（昭和39）年までの約8年。景気の過熱による物価上昇が続く中、公定歩合などを調整することで、日本の高度経済成長がさらに安定して発展するよう努めた。

公定歩合とは、日銀が民間の金融機関に資金を貸し出す際の基準となる金利であり、ここまで述べてきた金利（政策金利）の一種である。現在では名称が変わったため、使われていない言葉だ。


一方で山際は世界へも目が向いていた。国際会議に積極的に参加したり、海外の中央銀行総裁を日本に招待し、議論の場を設けるなどした。日銀の国際化に大きく寄与した人物とも言えるだろう。

ＢＩＳの常時メンバーに日本が迎え入れられたのも、山際が総裁を務めていた時代であり、彼の貢献度の高さが窺える。

# 第2章

# 日銀の責任と日本経済の停滞

# バブル崩壊と「失われた30年」

日銀の罪についてはすでに少し触れているが、本章では改めて、日銀がどのような金融政策を行い、具体的にどのような失敗、罪を犯したのか、20〜30年前まで遡《さかのぼ》りながら、整理していきたい。

日銀の政策ならびに日本経済の停滞を語る上で避けて通れないのが、失われた30年を引き起こしたバブル崩壊だ。ここで言うバブル崩壊とは、バブル経済が崩壊したことを意味する。

バブル経済とは、過剰な投資により不動産や株式といった資産の価値が急激かつ本来の価値とは異なる、異常な値に高騰する経済状況を示す言葉だ。実体を伴わない、現実の経済成長を超えるペースで資産の価値が急激に高騰することから、中身のない泡が膨らむ様子に例えられている。

バブル経済の状況下では、株式や不動産を売買するだけで多額の利益を得ることができるため、購買活動が盛んになり、一見すると景気が良くなったように感じられる。日本ではこのバブル経済が１９８０年代の後半から90年代にかけて起こり、多くの日本人が好景気に酔いしれた。

会社員の給料やボーナスが右肩上がりで上昇、福利厚生は以前にも増して充実していった。接待費や経費なども上限がないと思えるほど自由に使えたため連日連夜、高級な飲食店が満席状態になったり、タクシーがつかまらなくなったりする事態となった。

中でも顕著だったのが、不動産業界だ。１億円で購入した不動産が翌日に２億円で売れるといった状況が続いたため、多くの不動産業者がこぞって不動産を売買した。そして、個人の投資家もその輪に加わった。

個人投資においては不動産マーケットだけでなく、軒並み好調な日本企業への株式投資も活発化した。私から言わせるとほとんど知識のない、素人のような投資家までもが、株で大儲けする状況が続いたのである。

美術品への投資も活発だった。大手損保会社がゴッホの名画『ひまわり』を53億円で購入したことは世界を驚かせた。ピカソやシャガールといった他の有名な芸術家の作品も、バブル経済の時期に日本の企業や投資家が買い漁《あさ》った。


しかし、バブル経済は中身を伴わないものだ。政府は金融機関に対して、不動産を購入するための融資の総量を規制するとの通達を行い、借り過ぎや貸し過ぎを防ごうとした。

日銀も政府の動きと合わせるかのように、段階的に公定歩合を引き上げることで、融資が受けづらい状態をつくる金融対策を取った。FRBの優秀な議長として第1章で紹介した、ウィリアム・マーティンの金融引き締め政策である。

政府や日銀の政策により、企業や個人は以前と比べて融資を受ける数が減り、並行して投資意欲も低下した。しかしその結果、不動産や株式の価格は暴落し、大損をする人があふれた。正確には、正しい金額に戻っただけなのだが。

マーティンのアメリカのように、日本はその後、好景気となることはなく、現在に至るまで景気が回復しない、失われた30年を経験していくことになる。アメリカと日本では、何が違っていたのか？

日米両国の明暗を分けたのは不良債権処理のスピードだと私は見ているし、多くの専門家も、そのように考えている。実は日本のバブル経済が崩壊したのと同じ時期に、スウェーデンでも同様の現象が起きていた。しかし、スウェーデンは不良債権の処理を迅速に進めたことで、5年ほどでバブル崩壊から立ち直っている。

一方で、日本は不良債権の処理に15年もの年月を要した。不動産を担保としていた銀行の不良債権の出所が不確かであったこと、どこの銀行が潰れるか、人々が疑心暗鬼となったことが、処理スピードを遅らせた要因だと言われている。

さらに、処理に時間がかかったことが、人材育成などその他の経済活動にも悪影響を及ぼした。不良債権処理にこれだけの時間がかかった要因は、政府や日銀の対応の遅れやその内容だと私は考えているし、多くの識者がそのような見解を持っている。

## 日銀が行った金融政策は失敗だった

日銀はバブル崩壊後にどのような金融政策を行い、景気後退の局面を打破しようとしたのか、見ていく。まずは、バブル経済期に6％ほどであった政策金利を、数年の間で矢継ぎ早に下げていき、1995年の秋ごろには、実質ゼロにした。1999年2月から正式にゼロ金利政策が導入される。

しかし、金利をゼロに据え置いても、日本の景気が回復することはなかった。また当時は、金利はゼロより下げることができないとも考えられていたため、日銀は別の金融政策での立て直しを目論む。

そうして実施されたのが、2001年3月に行われた「量的緩和政策」である。日銀が民間の金融機関から国債や手形を購入することで、市場に出回る資金を増やし、

## 日銀の政策金利目標

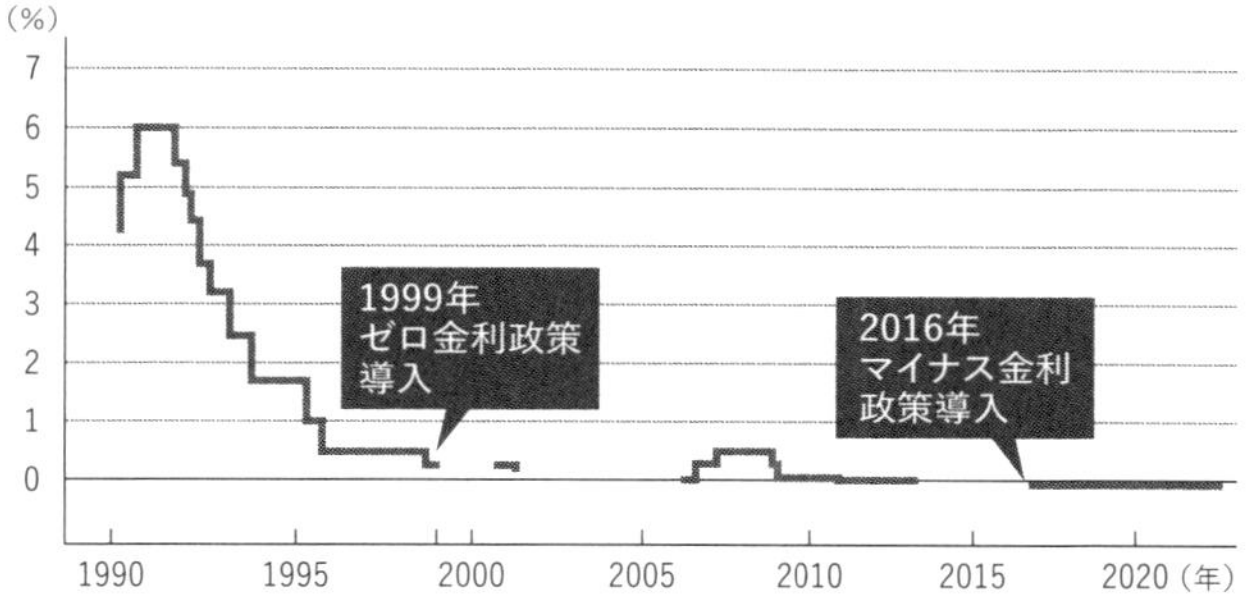


※1999年2月～2000年8月、2001年3月～2006年3月、2013年4月～2016年9月は、通常の政策金利目標は設定されていない。
出典：全国銀行協会の資料、日本銀行のデータを基にSBクリエイティブ株式会社が作成

景気の回復ならびに金融市場の安定化を狙った。

ところが、日銀がこのような2つの金融緩和政策を実行しても、景気が回復することはなかった。そこで日銀はさらなる金融緩和政策を打ち出す。2013年4月から実施した「異次元の金融緩和」と称された取り組みだ。

具体的にはゼロ金利よりさらに金利が低い「マイナス金利政策」や、序章で紹介した「イールドカーブ・コントロール」の導入である。

しかし、異次元と称した金融緩和政策

を進めても、当時政府と共に掲げたインフレ率2％を達成することはなく、インフレ率は1％程度で推移。気づけば30年という月日が流れていた。

はっきり言おう。日銀が取ったゼロ金利、マイナス金利も含めた低金利政策ならびに、量的緩和という2つの金融緩和政策は、どちらも失敗だった。短期的、限定的には効果が見られたような局面もあったが、あくまで表面的なものであり、日本経済が本当の意味で回復することは、この2つの政策ではできなかったと断言できる。

## アベノミクスも失敗

日銀の取り組みもそうだが、失われた30年の後半10年近くにわたり政権を担った安倍晋三首相の「アベノミクス」も、結論から言えば失敗だった。

そもそもアベノミクスとは何だったのか。アベノミクスとは2012年の年末から

**アベノミクス「3本の矢」**

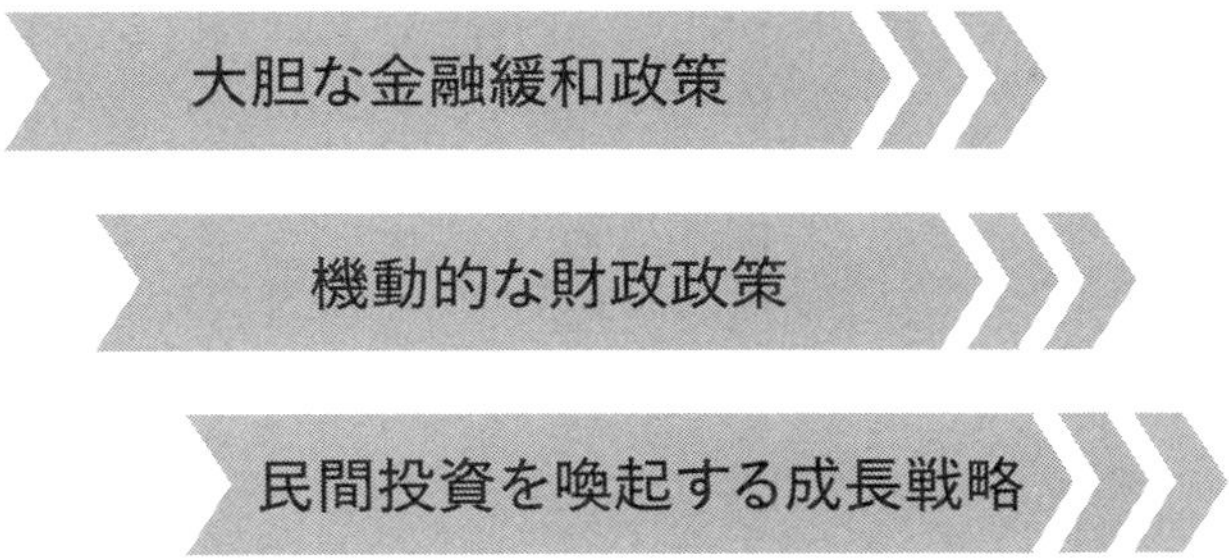


スタートした第2次安倍政権において、安倍首相が景気回復ならびに経済復興を目指して掲げた経済政策である。

大きくは3つの施策からなり、「3本の矢」とも言われた。

1本目の矢は「大胆な金融緩和政策」であり、デフレを脱却して年2％のインフレ率達成が実現するまで、無期限で量的緩和政策を続けることを宣言した。この1本目の矢は、日銀の金融政策に圧力となった。

日銀が紙幣を刷り続け、市場に供給し続けることで、景気を回復しようとしたのである。

私は常々言っているが、中央銀行が紙幣を刷り、国債を購入する。このような金融政策で経済を立て直した国は、歴史上、一つもない。むしろ通貨の価値が下がることで通貨安を引き起こす可能性が高いからだ。実際、日本は今まさにそのような円安状態となっている。

続いては2本目の矢「機動的な財政政策」である。前年に発生した東日本大震災からの復興、ならびに大地震のような自然災害に対しての安全対策を行うなど、公共事業への投資を増やす政策だ。

私の投資におけるスタンスの一つでもあるが、確かに危機と好機は表裏一体であり、ピンチの後にはチャンスが訪れる、との論理は正しい。実際、私も東日本大震災の後、日本株を購入し、その後に売却、2023年末にはすべて売り払い利益を得た。

このような話をすると「震災を金儲けの手段にしている」と批判されたり、厳しい言葉をかけられたりすることがあるが、そのような思考や論調はナンセンスである。むしろ、その逆である。復興においてお金は絶対に必要不可欠だからだ。

私が日本に投資したことで、そのお金が原資となり東日本大震災からの復興も含めた、日本経済の復興に寄与していった。これが正しい考えであり、現実であり、私の投資スタンスでもある。

話が逸《そ》れてしまったので、元に戻そう。アベノミクス2本目の矢である。今の私の論調からすれば、財政出動は正しい政策にも思える。しかし、答えはノーだ。理由は、日本政府は多額の財政赤字を抱えているからだ。

自己資金で日本企業に投資した私とは、立場が異なる。財政赤字を抱えた状態で公共事業をやるなんて、もっての外としか言えない。付け加えれば、日本で東京オリンピックを開催したり、万博を大阪で開催したりするといった政策も私は理解できない。オリンピックや万博が、経済を潤すために起爆剤となる、という考え自体が間違っているからだ。これも過去の歴史を調べてみるといい。オリンピックや万博を開催した国が、そのおかげで潤ったケースは、ほとんどないからだ。

もう一つ、本書とは直接関係ないが、せっかくなので触れておく。3本目の矢「民間投資を喚起する成長戦略」である。ビジネスにおけるイノベーションを創造することで、新たな産業やそれに伴う雇用創出を実現し、結果として日本経済を立て直す、というものである。

こちらも大前提として、新しいビジネスの創造というのは、特に大企業であれば経営戦略として当たり前に取り組んでいるものであり、政府が堂々と宣言するものではない。加えて、日本企業の中で大小問わず、グローバルレベルのイノベーションを生み出している企業が、果たしてあるだろうか。私は、知らない。

アベノミクスの3本の矢、政策パッケージを評価すると同時に、アベノミクスと日銀との関係について考えてみよう。どちらの政策も、すべて一つの大きな絵の一部だと私は考えている。

日銀や政府における政策立案者たちは皆、自分たちがやっていることを理解していると信じ、互いにそれが正しい政策だと主張し合う。そして、周囲の人々もそのような主張に同意し、政策を実行に移す。

ただ、このような集団思考は日本に限ったことではない。集団思考は非常に一般的な現象だからだ。特に、簡単な解決策が提示されると、誰もが「そうだ、そのとおりだ」と言いがちである。

しかし、何度も言いたくはないが、バブル経済崩壊以降の日銀ならびに、政府、アベノミクス政策は、失敗だったと言わざるを得ない。

## 黒田総裁の「異次元緩和」も効果なし

アベノミクスの期間中、ついこないだまで日銀の総裁を務めていたのが、黒田東彦である。黒田総裁の在職は2013～23年であり、第2次から4次安倍内閣の在職、2012～20年とかなりの期間、重なっている。

そこで黒田総裁の取り組み、ならびに、その取り組みが日本経済に対してどのような影響を与えたのか、考えてみたい。

## 黒田総裁のもとでの日銀の主な金融政策

| 時期 | 内容 |
| --- | --- |
| 2013年4月 | **量的・質的金融緩和を導入** |
| 2014年10月 | 量的・質的金融緩和の拡大 |
| 2016年1月 | **マイナス金利政策を導入** |
| 同9月 | **イールドカーブ・コントロールを導入** |
| 2018年7月 | **長期金利操作目標の変動幅 ±0.1%程度から0.2%程度へ** |
| 2021年3月 | **長期金利操作目標の変動幅 ±0.2%程度から0.25%程度へ** |
| 2022年12月 | **長期金利操作目標の変動幅 ±0.25%程度から0.5%程度へ** |

まずは、黒田総裁が２０１３（平成25）年に総裁に就任して以降の取り組みを、上の図にまとめてみた。トップにアベノミクスの要でもあるインフレ率２％を掲げているが、実はこの数字ならびに政策は、黒田総裁が導入したものではない。

前総裁、第30代の総裁を務めた白川方《まさ》明《あき》が導入したものだ。一方で黒田総裁は、インフレ率の目標数値の導入を提唱するとともに、金融緩和政策、それも大規模な緩和政策を唱えてきた。

このような背景や主張を考えて、安倍首相が第31代の総裁として任命したことは、間違いないだろう。なお２％の物価上昇の目標導入については、白川総裁の当時の日銀と政府が、共同で声明を発表している。

そしてまさに安倍政権が望んだとおり、黒田総裁は次々と大規模な、彼らの言葉を借りれば〝異次元〟レベルの金融緩和政策を実施していく。就任した年の２０１３年に国債で年50兆円、ＥＴＦで年１兆円の買い増しを決定。２０１６（平成28）年には、日銀では初めてとなるマイナス金利に舵を切る。

さらに同年には、イールドカーブ・コントロールを導入。日銀がこれまで行ってきた金融緩和政策をさらに加速、拡大するかたちで矢継ぎ早に金融政策を打っていった。

しかし、繰り返しになるがこれだけ大規模、大胆な金融緩和政策を実行したにもかかわらず、デフレは改善しなかった。つまり日銀、黒田総裁の政策は効果がなかったのである。

今でこそインフレに転じているが、アベノミクスや日銀の取り組みが関係していたかどうかは疑問であるし、ロシア・ウクライナ戦争など、外部状況の要因が大きいと考えるのが正しい理解だろう。

## 構造改革の成果は微々たるもの

失われた30年の間に日銀が取り組んできた政策は、低金利政策や量的緩和だけではない。日本企業の競争力を高めたり、労働人口問題を是正したりするために、日本企業の構造改革も促してきた。

つまり、努力はしてきたと言える。そして、成果もあった。実際ここ10~20年における日本企業の状況を調べると、小さな変化が見られるからだ。たとえば株主への対応である。

以前の日本企業は、従業員や顧客にばかり目が向いている企業が大半で、従業員に給料を支払うためのお金を出資している、本来であれば最も目を向けなければいけない投資家に対して、適切な対応を取っているとは言えなかった。

しかし昨今の日本企業は、これは日銀だけの努力だけなく東証（東京証券取引所）などの取り組みや努力もあるとは思うが、海外の投資家と積極的にコミュニケーションを取ったり、投資に値する企業であることを明確に示すデータなどを開示したりするようになった。

このような変化は、世界中のマーケットで投資をしている、つまりどこのマーケットが魅力であるかを常にリサーチしている投資家にとって好ましい動きであるし、良い判断材料に映る。

しかし、変化は小さなものにとどまっている、というのが私の見解だ。ここで改めて、日銀が取り組んだ日本企業の構造改革について、触れておきたい。

日銀は、バブル経済が崩壊した1991（平成3）年以降、日本企業が衰退してしまった現状をリサーチするとともに、改善に向けた具体策や、アプローチの手法を説いてきた。日本企業の生産性がアメリカなどの海外の企業と比べて劣っていることを危惧していたからだ。

たとえば、これは日本が高度経済成長期に高い経済成長率を実現した際の取り組みでもあるが、生産性の高い国の技術をまねる、キャッチアップする。その上で、日本なりのイノベーションを創出する必要がある、と考察している。

企業と政府の連携についても言及している。結論から言えば、日本企業がイノベーションを生み出すには、政府との連携が必要不可欠であるということだ。政府が積極的に構造改革を行うことで企業の事業効率化が進み、その結果、より高い収益を生み出すことができる、イノベーション事業に力を入れることができるようになる、と論じている。

そしてこのようなイノベーションを促進するためには、企業・政府両方が、行動変容する必要がある、と。具体的には日本企業で長年にわたり続いてきた、終身雇用、年功序列、企業労働組合といった日本ならではの雇用慣行の見直しや、就業意欲の高い労働者を積極的に受け入れることにより、労働市場の変化などを後押しする必要がある、と述べている。

端的に言えば、アベノミクス第3の矢を後押しするような取り組みを行ってきたのである。

しかし、景気は回復しなかったし、日本企業ならびに日本社会の構造や行動が変容したかというと、微々たるものに過ぎない。

もちろん、日銀にすべての責任があるわけではない。たとえば先の投資家への対応などについては、日本の株主がもっと積極的に企業に対して意見を言ったり、コミュニケーションを取ったりするような行動変容が求められる、と私は思うからだ。

## 日銀の政策が及ぼす世界経済への影響

日本企業ならびに政府の構造改革の必要性と併せて、日銀がもう一つ強調していることがある。世界経済や他国の中央銀行との、調和と協力の必要性だ。そのため日銀の関係者は、国際的な状況をより深く理解し、世界の調和を促進するような適切な金融政策を取ろうとしている。

このような姿勢そのものは評価できるし、価値ある協調政策も実施している。たとえば2020（令和2）年に新型コロナウイルスが蔓延《まんえん》し、世界中がパンデミックに陥ったときに取った協調政策だ。

新型コロナウイルスの影響により、世界的な株安局面に陥った。金融市場は動揺するとともに、金融機関や投資家は手元に資金を確保しておきたいと考えた。しかも、信頼の高い米ドルである。

そこで各国の中央銀行、具体的には日銀、アメリカのFRB、ヨーロッパのECB、さらにはカナダ、イギリス、スイスといった国々の中央銀行などが協力し、市場にドルの供給を拡充した。

しかも、通貨スワップの仕組みを利用することで、低金利かつ、返済期間を通常よりも長く設定した。このような取り組みは、確かに素晴らしいと言えるだろう。

一方で、日本が長きにわたり実施してきた低金利政策や量的緩和といった金融緩和政策を、短期的な成果だけで海外の中央銀行が評価し、自国に取り入れるような動きが見られる。たとえばヨーロッパでは、デンマーク、スウェーデン、スイスの中央銀行に加え、ＥＣＢまでが低金利政策どころか、マイナス金利政策を採用し、日本が取り組んでいるのと同じくデフレからの脱却を図った。

海外各国のこのような取り組みは、日銀が失敗した金融政策を各国までもがまねしているように思える。私はこのことを、危惧しているし、由々しき事態でもあると考えている。というのは日本の失敗、日本が30年以上にわたり経験した経済不況が、世界に蔓延する可能性があるからだ。

さらには日本でこれから起こり得るであろう、多額の借金返済による負担増、労働人口の減少、間違った投資、貯蓄への躊躇《ちゅうちょ》、個人消費の手控えなど、経済成長においてマイナスとしか言えない要因も併せて、世界規模で広がる懸念もある。

日銀が行った長期低金利政策ならびに量的緩和は、世界経済に対してそれほどの影響力があることを、しっかりと認識しておく必要がある。

## 「透明性」と「自主性」の限界

日本は1998（平成10）年に、日銀法を改正した。日銀法とは正式には日本銀行法と言い、日銀が日本の中央銀行であり、紙幣を発行するなどの役割を持つことを定めている。その他、中央銀行としての役割をスムーズに進めるために制定された法律である。

最初の日銀法が制定されたのは1942（昭和17）年と古いため、次第に時代と内容が合わなくなってきたことによる改正であり、法律の世界ではよくあることだ。日銀は1998年の法改正において、最大の目的は「独立性」と「透明性」だと述べた。

しかし、私にとってはどちらも疑問に感じる。改めて日銀が述べている独立性、透明性について考えてみたい。

独立性については、各国の歴史を踏まえ、中央銀行の金融政策には、インフレを促進する運営を求める圧力がかかりやすいこと、物価の安定が確保されなければ、経済は機能不全に陥る可能性があることを背景としている。

そうした上で、このような事態にならないために、日銀などの中央銀行は政府から独立し、中立かつ専門的な判断を行うことが妥当である。このような考えは、グローバルでも一般的になっている、と述べている。

続いては透明性について。透明性を掲げたのは、日銀の金融政策が国民からの支持を得るためだと述べた上で、新しい法律で制定した制度について、説明している。具体的には、金融政策を審議する委員会の会合内容の公開ならびに、国会などへの報告だ。

審議内容については会議の内容をまとめた議事要旨を作成し、速やかに公表する。国会への報告においては報告書を作成し、半年に一度提出する。さらに報告書の内容について説明を求められた際は応じる。

加えて年に一度、業務概況書を作成し、その年に行った業務の概要、組織運営における概要、さらには決算状況などを公表する。実際、日銀はこれらの取り組みを行っており、日銀のＷｅｂサイトにアクセスすればいつでも閲覧できるので、関心がある人は確認してみるといい。

もう一つ、自主性についても触れているので紹介したい。以前の日銀法では、政府が広範囲にわたり監督権限を持っていたが、新法では改正され、一部のチェックのみに限定されることとなった。

予算においても認可制ではあるが、認可対象が限定されたり、認可プロセスの透明性が確保されたりしたことで、業務ならびに組織運営が以前と比べ自主的になる、と述べている。

このように日銀は、透明性や自主性を高めることで、市場や国民とのコミュニケーションを改善したと主張している。確かに、透明性は重要であるが、根本的な問題の解決につながらないように感じる。

そもそも、日銀の金融政策そのものが失敗しているからだ。つまり、経済対策が失敗していること、日本の景気が一向に回復せず、日本を下り坂に導いていることを透明に示しているだけだと感じるのだ。

もちろん、どのような政策が実施され、それにより日本経済や社会にどのような変化が起きているのかを知ることは重要だ。しかし、それだけでは不十分であり、根本的な問題は何も変わらない。重要なのは、これまでの日銀の金融政策自体を変えることなのだから。

## 多くの政府は「インフレ率」の嘘をつく

ここで改めて、インフレについて考えてみたい。結論から言うと、日本はもちろん、アメリカも含めたくさんの国々の政府は、インフレに関する多くのことについて、嘘をつくのが好きだ。

そもそもインフレ、インフレ率とはなにか。インフレ率とは、物価が上がり続ける状況を示すインフレが、どの程度の率で進行しているのかを示す指標だ。物価の変動の度合いを表す指標「消費者物価指数（Consumer Price Index／CPI）」を前年と比較した指標であり、「物価上昇率」とも呼ばれる。

持続的に経済が成長するためには、年数％程度のインフレが良いとされている。日銀やアベノミクスが共同で「年2・0％」のインフレ率を物価安定の目標として定め、金融政策を実施してきたことは、あながち間違っているわけではない。


しかし、ここからが重要だが、インフレは政府の債務の一部に連動している。そのため政府は、意図的にインフレ率をコントロールするインセンティブを与えられていることになる。つまり、政府は物価上昇を自ら抑えることで、国民に対して景気があまり良くないことをアピールすることができるのである。

たとえばアメリカを例に挙げると、アメリカの年金制度はその多くがインフレ率に連動している。そのためインフレ率が高くなければ、年金の額も抑えられる、というロジックだ。

一方、日本を例に挙げると賃金が該当する。日本では失われた30年の間、他国と比べ、賃金があまり上がらなかった。国民の多くは不満を持っているが、「インフレ率が低く推移している、物価が上がっていないのだから仕方ない」と政府が発表すれば、納得するしかないからだ。

世界の多くの政府と同じように、日本政府もインフレの状況について、長年にわたり嘘をついていたのかもしれない。

## 政府や日本国民にも責任がある

第2章の最後では、30年以上にわたる日本経済の停滞は、日銀だけの問題ではなかったことも付け加えておきたい。たとえば、アベノミクスが示した第2の矢である財政出動は、明らかに選挙を見据えた、票を獲得するための政策だと思えるからだ。

もちろん、その原資となる政府の資金は日銀が量的緩和という名目でお金を刷り、政府に渡していたものであることは、大きな問題である。しかし、ここで私は読者である日本人に対しても、責任を問いたい。

「No《ノー》 Free《フリー》 Lunch《ランチ》」。私がよく使うフレーズだ。日本語に訳せばそのまま、「タダの昼食はない」、とでも言えるだろう。「無料で何かを得ることなどない」「うまい話などこの世にはない」という意味の格言、ことわざであり、経済における鉄則でもある。

日本の多くの国民は、政府が財政赤字を抱えているのを知りながら、その財源を元に実行された政府のサービスを利用していた。タダで食べられる飯はないにもかかわらず、日本の多くの国民はタダ飯を食べたがっていた、と私には見える。

過去数十年間、日銀は金融政策の範囲内で状況を改善しようと努力してきたように思える。しかし結果を見る限り、取り組みは成功したとは言い難い。長期にわたる低金利政策を擁護したり、合理化したりすることはできない。

結論として、日銀の政策には多くの課題が残されている。日本の経済の健全な成長と安定を実現するためには、より効果的な政策の立案と実行が求められる。

しかし私はこう思う。日銀が日本国民に伝えたかったことは、「我々は下り坂を歩いており、今後もその傾向は続くだろう。しかし、少なくとも何が起きているかは把握している」ということだと。言い換えれば、彼らは「透明な悪者」になったのである。事態が悪化することを知ることは、確かに重要だ。少なくとも人々は状況を理解し、適切な対応を取ることができるからだ。しかし、それだけでは根本的な問題は解決しない。現行の政策が続く限り、日本にとって良い結果は期待できないだろう。

# 第3章

# 日銀の政策がもたらす悪影響

## 金融緩和政策の影響

第3章では改めて、日銀や政府が行ってきた長期にわたる金融緩和政策が、日本社会や日本人にどのような影響を及ぼしてきたのか、さらにはこの先、どのような問題を生む可能性があるのか、という点についてより深く論じていきたい。

### ・円安（通貨価値の下落）

先述したとおりアベノミクスになって以降、また日銀のトップが黒田総裁になって以降、金融緩和政策は恐るべき規模で実行された。具体的には、日銀が日本の国債を購入するための原資を無限に印刷し続けた。その結果、円安が進んだ。

円安が進んだことで、海外投資家からはさらに円離れが進むだろう。おそらく20年後には、今よりも日本円の価値は下がっていると私は見ている。そして、円安局面は米ドルに対してだけでなく、中国をはじめとするこれから台頭してくるであろう、諸外国の多くに対しても見られるようになるだろう。

実際、かつて世界の覇権国であったイギリスの通貨であるポンドは、５米ドルだった時代があった。しかし今では約１・３米ドルである。日本円がこのように下落することは十分考えられる。

## ・金利上昇

金利が低ければ、新しい投資家が市場に参入してくる。誰でも簡単に儲けることができるからだ。すると市場は割高になる。そして、いつかは崩壊が訪れる。これも、歴史が物語っていることだ。

株式市場や投資市場が崩壊すると、金利は一転、上昇局面に変わる。実際、まさにこの原稿を書いている最中に、ゼロ金利政策は終わりを告げ、日本の株価は下落し、金利はさらに上昇するだろう。金利が必要以上に高くならないか注視する必要がある。

### ・貧富の差

日本の社会格差に与える影響も看過できない。金融緩和政策は結果として、富裕層をより豊かにする傾向があるからだ。富裕層の人たちは市場に多額の投資をしているため、相場が上昇すれば、必然的に多くの利益を得る。

経済の仕組みを理解し、適切な投資判断ができる人々はさらに豊かになっていくのである。一方、貧困層は富を蓄積する機会を失うため、さらなる貧困に陥っていく。その結果、格差は拡大していく。

このように、日銀や政府がマーケットに介入することで経済が歪められると、一部の人々は恩恵を受けるかもしれないが、多くの人々は苦しむことになるのだ。

## ・生活水準の低下（治安悪化）

今の話と重なるが、貧困層は日常生活にも影響が出てくるだろう。電気やガスといったインフラの料金を支払うことが難しくなったり、飲み物や食べ物を買うといった、生活の基本的な営みを続けることが困難になったりする人が、大勢出てくる可能性があるからだ。

現在の経済状況が続けば、日本全体の生活水準が低下し続ける可能性が高い、と私は見ている。そして、生活水準低下の状況が長く続けば、社会的な影響が大きくなっていき、これまでとは異なる日本社会が訪れるかもしれない、とも心配している。

犯罪率の増加、などである。日本は世界一安全な国だと言われる。実際、世界各地を旅してきた私から見ても、日本は本当に安全な国だと思う。日本人の性質、民度も大きく影響しているとも感じる。

加えて、社会の構造や仕組みがしっかりしていたため、これまでは革命が起きにくいと言われてきた。しかし、多くの人々の生活水準が下がり不幸になれば、このような仕組みや環境も劇的に変わる可能性がある。

社会不安や政府への不信が高まり、暴挙に出る人や犯罪の増加、さらにはテロや革命といった、より大きなうねりを引き起こす可能性もあるだろう。

ゼロ金利政策や過度の金融緩和は、短期的には経済を刺激し、株式市場を活性化させるかもしれない。しかし、長期的には今述べたような深刻な経済の歪《ひず》みを生み出し、社会の安定性を脅かす可能性があるのだ。

## 長期にわたるゼロ金利政策は世界的に見ても〝異常〟

ここからは特に、低金利政策の影響について考えたい。金利が正しくないというのは、歴史上よくあることだ。しかし、日銀の金融政策が間違っていたのは、長期間にわたって続けてきた点である。

日本のように、低金利政策が35年近くもの長年にわたって続くという状況は、世界的に見てもこれまでに例がなく、間違いなく〝異常〟な状況、政策だと断言できる。

言い方を変えると日銀は、他国の中央銀行とは異なるアプローチを取ってきたのである。災害後など特別な状況に、短期的に低金利政策を実施し、良い結果をもたらすことはある。しかし、長期的な低金利政策が繁栄と成功につながった例を、私は知らない。

さらに問題なのは、あまりに長い期間、低金利政策を続けてきたため、今の若い日本人の多くは低金利がふつう、当たり前だと捉えていることだ。大きな間違いであるにもかかわらず、である。

ぜひとも日本の今の若い人たちには、歴史を勉強してもらいたい。日本国内の状況だけに目を向けるのではなく、経済史や世界史を読めば、35年もの間続いた低金利政策が、ふつうではなかった、というより明らかに〝異常〟であることに気づくからだ。

## 人口減少と負債増加が同時に起こるのは致命的

長期的なゼロ金利政策は、特に人口減少と負債増加という悪影響を及ぼす。そして今の日本ではこれらの悪影響を相殺するほどの繁栄は見られない。何かが変わらない限り、状況はさらに悪化する可能性があるだろう。

ここからはゼロ金利政策が、日本経済ならびに日本人にどのような悪影響を及ぼしているのか、具体的に見ていこう。

まずは、これまで私が日本について言及する際に度々触れてきた問題、人口減少だ。日本の人口は20年間減少し続けている。15年以上も人口が減少し続けている国は、歴史的に見ても珍しい。

## 合計特殊出生率の年次推移

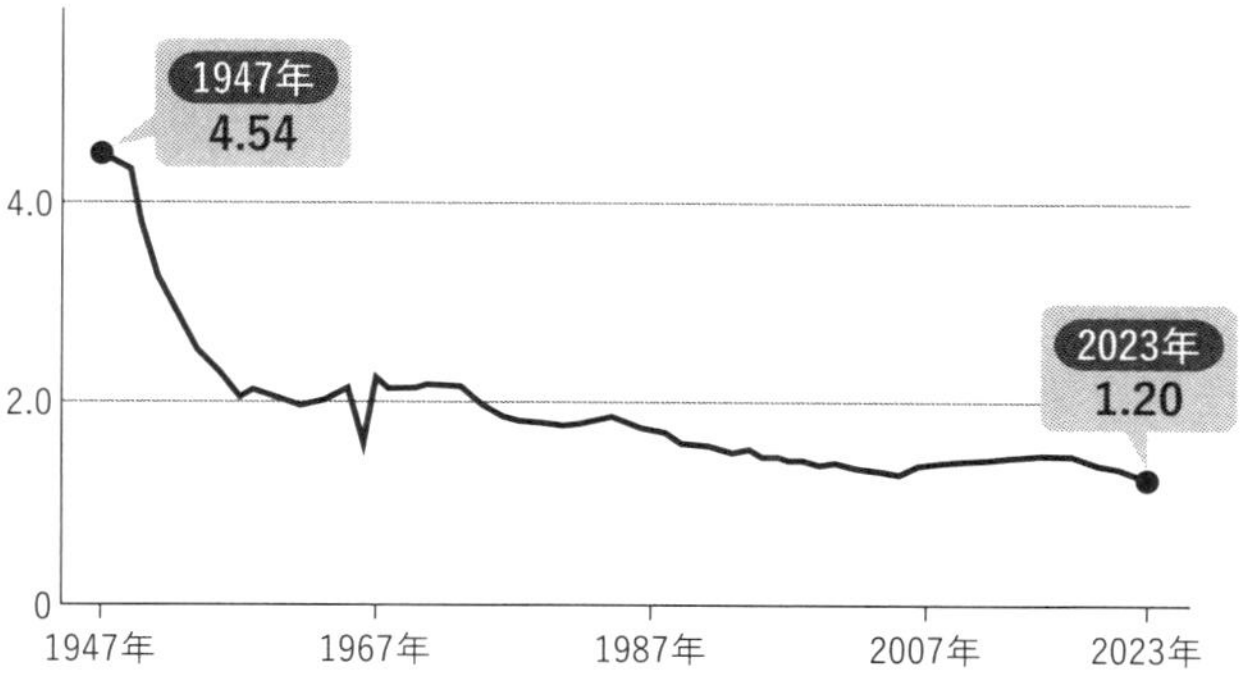


出典：厚生労働省のデータを基にSBクリエイティブ株式会社が作成

特に、世界的に先進国と呼ばれ、繁栄している国で、このような現象が起きているのは異例だ。

同時に、急速なスピードで高齢化が進んでいるのも問題だ。合計特殊出生率も下がり続け、2023（令和5）年には1・20にまで落ち込んでおり、労働人口の減少も同じく継続的に起きている（上図参照）。

合計特殊出生率とは、15～49歳までの女性の年齢別出生率を合計したものであり、一人の女性が一生の間に産む子どもの数と考えていい。なおアメリカの合計特殊出生率は「1・7」の近辺をここ数十年推移しており、フランスやイギリスも近しい数値だ。

このままの状態が今後も続けば、日本の人口は21世紀末ごろには半数近くにまで減ることは明らかだ。

社会保障の問題も非常に深刻だ。人口が減少するということは、税金や社会保険の担い手が減る、ということでもあるからだ。そして当然だが逆に高齢者が増えていけばいくほど、彼らの生活や社会福祉を賄うために、多くの労働者が必要になる。

このように日本では、高齢者をサポートする年金など、各種社会保障サービスの原資を生み出す人が圧倒的に足りていない。そしてここからがより深刻な問題だが、この先も悪化の一途をたどっていくことが、データとして出ている。


さらに日本は巨額の財政赤字を抱えている。この赤字を、誰が返すのか。こちらも各種社会保障と同じく、現役世代の労働者だ。つまり人口減少、特にお金を生み出す生産年齢が減っていることに加え、負債は増え続けている。この2つが同時に起きている日本は、致命的としか言いようがない。

また、いくら海外からの投資を呼び込んだとしても、それを活用する人材がいなければ長続きしない。このように日本は非常に深刻な問題を抱えており、適切に対処しなければ、40年後、50年後には日本の存在自体が危ぶまれると私は危惧している。

このように国が衰退していく状況も、歴史を学べば分かる。ポンドが急落したイギリスの事例だ。イギリスは産業革命を最初に達成した国であり、かつては世界の工場と言われ大繁栄した。

だが、第二次世界大戦後の1960〜70年代にかけて、長きにわたり経済が停滞。フランス、ドイツ、そして日本と次々と他国に抜かれていき、そのような状況を揶揄《やゆ》してヨーロッパからは「英国病」とまで言われた。

工業生産力の減退、輸出の減少、国民の勤労意識の低下、慢性的なインフレ、階級制度、保守的な教育、労働組合のスト頻発など、経済停滞の要因はいろいろと議論され、どれも関係していたと思われる。

中でも私が注目している、日本の状況と似ていると思うのが、労働者が不足しているにもかかわらず、ゆりかごから墓場までと言われるほどの、高度な社会保障制度が整備されていた点だ。

当時のイギリスは石炭や電気、ガス、鉄道や運輸、自動車といった基幹産業を国有化することで産業を保護しようとの政策を行った。ところが、国有化したことで企業は経営努力を怠るようになってしまう。

設備投資を積極的に行わなくなり、他の企業と競争することもなくなった。結果、イギリスの工業製品の品質や魅力は低下していき、国際的競争力を失い、貿易収支は悪化していった。

加えて、国民全員が健康保険に加入し、全員が無料で医療サービスを受けることのできる、社会福祉政策ならびに制度の整備を進めていた。

先の日本の社会保障制度でも述べたように、このような制度を維持するには、膨大な資金が必要だ。ところがイギリスは、第二次世界大戦のときに行った膨大な支出による財政状況の悪化から回復しておらず、イギリス政府にはそのような制度を推し進める資金が足りなかった。

ついにイギリスは1976年、国際金融の安定化や各国中央銀行の取りまとめなどを行うIMF（International Monetary Fund／国際通貨基金）から、融資を受ける事態にまで追い込まれる。

ただイギリスは、そのまま沈没することはなかった。1979年に首相に就任したマーガレット・サッチャーが、政策を転換。「小さな政府」を掲げ、国営企業を民営化するなどして歳出を削減。さらには、北海油田の開発を進めるなどして復活を遂げていく。

北海油田とはイギリス、ドイツ、ノルウェーなどの国に囲まれた、ヨーロッパ大陸の北、スカンジナビア半島の西あたりに位置する北海と呼ばれる海の海底に点在する、大規模な海底油田である。

発見されたのは1960年。現在では周辺の多くの国が開発に携わっているが、最初に乗り出したのが、イギリスだった。そうしてイギリスは、石油の自給と輸出という事業を手に入れることになったのである。

だが日本には、イギリスにとっての救世主であった世界最大の油田を発見するようなことは起こりそうにない。北海油田の発見ならびに開発は、宝くじに当たるようなものであり、奇跡的な出来事だからだ。

さらに言えば、仮に北海油田のような宝くじを日本が当てたとしても、一度や二度では現在の状況を根本的に改善することは難しいだろう。日本が現状抱えている課題、日銀が35年近くにわたり行ってきた金融緩和政策は、それほどの大きな負債を、日本に背負わせたと私は考えている。

## 債務残高の増大は問題ないという主張の誤り

続いては国の負債、つまり日本の借金が増え続けている点だ。日本は今、1300

兆円近い負債、借金を抱えている。内訳は、中央政府である国が国債の発行により生じた約157兆円。残りは、政府短期証券、借入金によるものだ。

繰り返し述べてきたように、国債は日銀がお金を刷って購入している。つまり日銀は、政府が借金を背負うのを手伝っている、とも言える。

債務が増えれば当然、債務に関する問題が増える。中央政府が問題を抱えた中で、仮に地方自治体が稼いだとしても、本丸の政府が多額の借金を背負っていては、本来のスピードで国が成長することはできない。多額の借金を抱えながら早く走ることは、難しいからだ。

日本人は勤勉で有能だから、借金がなければ非常に速く走れるだろう。しかし、今は借金に追いかけられ、足を引っ張られている状態と言える。このような状態で、経済成長に転じることは不可能だ。

金融緩和により、確かに少しの間は景気が回復したかもしれない。しかし、長期的な視点に立てば、日本の負債を膨大に膨らませ、経済の悪化を導いたと、私は考えている。

## 普通国債残高の推移

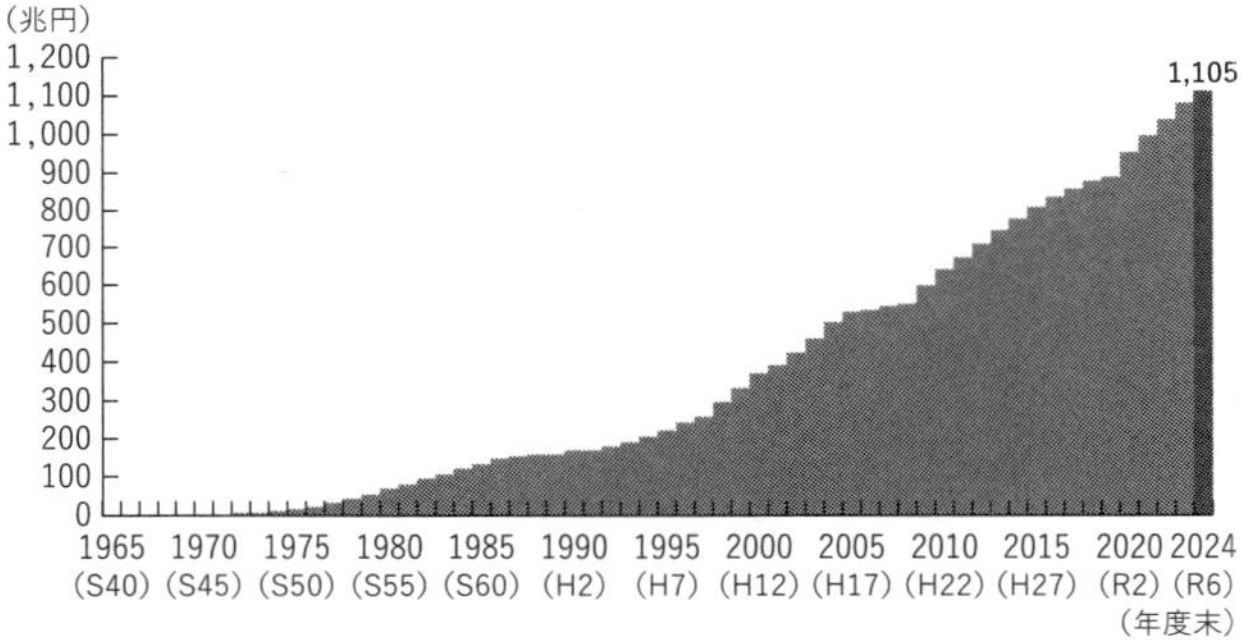


(注) 2022年度までは実績、2023年度は補正後予算、2024年度は予算に基づく見込み。
出典：財務省より引用

一方で、政治家や経済評論家と呼ばれる人たちの中には、債務残高は増大しているものの、比例して純資産も増大しているので問題はない、と論じる人もいる。確かに景気が良いとき、日本であればバブル経済期などでは、借り入れを増やすために負債が増える、意図的に増やす場合もある。

しかし、そのような人たちに言いたい。資産が暴落したときは、どうなるのか。資産価値が下がっても、同じことが言えるのか。実際、バブル崩壊後に日本経済がどん底に落ちたように、同じ轍《てつ》を日本は歩むのか、と。

もう一つ、これも同じく政治家や識者と呼ばれる人たちの中には、確かに債務残高は大きいが、借入先は日本国民であるから、結果として日本人が巨額の資産を持っている、との論調も聞かれる。

このような考えも間違っている。国民の資産を負債返却に当てるのは、正気の沙汰ではないからだ。しかし、現にそれが行われているのが、今の日本でもある。国民の資産を税金として集め、国の債務返済に充てているからだ。

日本は今、経済が停滞している緊急事態であるから国民一人ひとりが国債を買って、国を守りましょう――、私から言わせると政府がよく使うプロパガンダ、国民をだますための常套手段にしか見えない。

ただし国が抱える負債、借金は、日本だけの問題ではない。たとえばアメリカは、世界最大の債務国であり、他国と比べても断トツに多い。トップがアメリカ、イギリス、フランス、ドイツと続き、その後に日本という順である。

アメリカの債務は数年前には22兆ドルほどだったが、新型コロナウイルスによるパンデミックが数年にわたり続いたことで、支出が増大。その支出を補うために、より一層借金が膨らんだことで、２０２３年に歴史上最大となる、34兆ドル（約４９５０兆円）を突破。まだまだ増えると予測されている。

当然、利子の額も増えるため、アメリカは度々、債務不履行、デフォルトが懸念されてもいる。アメリカの債務も、日本と同じく大きな問題と言える。私のような年老いたアメリカ人にとってはどうでもいい問題かもしれないが、こちらも日本と同じく、若いアメリカ人は巨額の借金の利息も含め、返済を背負うことになるからだ。

しかし、アメリカと日本では大きく異なる点がある。人口だ。確かにアメリカは世界の中でも断トツの借金王国である。これは、間違いない。しかし、日本の約3倍、3・3億人もの人口を抱えていることに加え、今なお増え続けているからだ。

このような人口動態の違いが、両国の債務状況に大きな影響を与えている。アメリカは債務が増加しているものの、人口も増加しているため、いつかは返済できる可能性がある。一方で、日本にはこのような明るい未来、可能性は見つからない。移民問題については最終章でも改めて私の考えを述べるが、アメリカは積極的に受け入れるとのスタンスだ。そのような新しいアメリカ人が、新たなアメリカ人を出産してもいる。そしてこのような歴史が、連綿と繰り返されている国なのだ。

日本政府も日銀も、そして日本国民も、このような国が滅びるような大問題を将来的に抱えていることを認識しながらも、それを解決しようとしない。その他の日本が抱える課題と同じことが言えるが、この点こそが大きな問題であることを、私は何度も強調したい。

借金は日に日に増える一方で、人口は日に日に減少している。このような状況でうまくいくはずがないことは、ある程度算数を学んだ子どもでも分かることだ。

問題を解決しないまま年月が経過すればするほど、問題の解決は困難になり、より大きな痛みを伴うようになる。政治家が問題を解決しなければ、最終的には市場が解決することになる。そして市場が問題に対処するとき、それは往々にして痛みを伴うものだ。

## 国際競争力の低下

続いての悪影響は、世界における日本の国際競争力の低下である。ゼロ金利政策が続き、国の負債が増え、円安が進行した。円安は輸出企業や観光業には助けになるかもしれない。しかし、円安だけでは国際競争を勝ち抜くには十分とは言えない。むしろ、長期にわたるゼロ金利政策により、国際競争力の低下はさまざまな面で表れるだろう。

通貨安が進むことで、しばらくの間は若い起業家が有利になる市場もあるだろう。しかし、最終的には誰かが代償を支払わなければならない。長期的な視点に立てば、日本の国際競争力は低下する、と私は見ている。

加えて、人材の競争力が落ちている。人口の高齢化に伴い労働力も高齢化しているからだ。労働者にかかる各種経費、高齢者の介護や医療にかかる費用が膨らんでいくだろう。さらには、仕事をしたくても家族の介護に充てる時間を捻出するために、フルタイムで働くことが難しくなる人たちも出てくるはずだ。

そのような人材の中には最悪の場合、仕事を辞めて、介護に注力する必要に迫られるケースもあるだろう。実際、日本の親しい友人からは、日本ではすでにこのような状況になりつつあると聞いている。

人材の質が下がるとの問題は、国際競争力の低下を招くことはもちろんだが、個人のキャリアという点から考えても、マイナスであることは言うまでもない。

経済の基本原則を忘れてはならない。借入コストの低下と輸出による収益性の向上という一時的な優位性は、いずれ変化するからだ。円安や低金利に、日本経済全体を救うほどの効果はない。

しばらくの間は一部の人々を助けるが、最終的には誰かがその代償を払わなければならない。それは、誰か。次の世代がその代償を払うことになるだろう。

もちろん政府や日銀が、日本の労働者の高齢化に対して取り組んできたことは理解している。日本企業の構造改革についても、日本銀行は努力してきた点は先ほども触れたように、認める。

つまり日銀は、企業の競争力を高め、労働人口の問題にも取り組んできてはいる。しかし、この10年、20年の間に見られた変化は小さなものにとどまっているのが実態であり、これはまさしく失われた30年と同じである。

政府や日銀は策を講じているが、成果が出ていない。なぜか？　政策が間違っているからだ。

## 投資先配分の誤算を招いた

これも歴史に書いてあることだが、誤った金融政策や経済政策は、常に投資先の配分を誤らせてきた。たとえば低金利。正常な水準の金利であれば投資しなかったであろう対象に、低金利だからと人々は資金を投じる傾向があるからだ。

序章でも論じたように、日本の現状を見るとまさにこのような投資先の誤配分という問題が、顕在化していることは明らかだろう。ここではもう一歩踏み込んで、日銀が長年にわたり継続していた低金利政策、正確にはゼロ・マイナス金利政策が、具体的に日本の貿易収支にどのような影響を与えるかについて、考えてみたい。

低金利政策を行うことで円離れが進む。投資家心理として、金利の高い通貨を持っておきたいと考えるのは、当然だからだ。その結果、円安が進む。すると、日本の輸出企業にとっては一時的に有利に働くかもしれない。

1ドルが100円の場合と、円安が進んだまさに今の日本の状態であるが、150円の状態では、輸出における売上は単純に1・5倍になるからだ。企業全体としての売上高も増えることになるから、投資家はこの企業の業績は好調だ、だから投資しよう、との心理になりがちだ。

しかし、経済や投資というのはそんなに簡単なものではない。売上高は会計上増えるかもしれないが、円安効果により国内での製造などに必要な輸入原材料の価格は、逆に1・5倍に上昇するからだ。

このように経済や企業の業績は、為替効果による価格や売上だけで競争するとうまくいかない。たとえば逆に円高局面だからと、銅を使っている日本の企業が大量に銅を海外から輸入すれば、日本国内における銅の価格は下落するからだ。

結局のところ経済も金融政策や政治と同じだ。一時的に良いと見えること、短期的に効果やうまみがあるように感じる施策や政策を行っても、本質を見極めていなかったり、根本の課題解決につながっていたりしなければ、長期的にはうまくいかないのである。

もう一つ例を示そう。不動産業界への投資である。第二次世界大戦で甚大な被害を受けた日本では戦後、住宅が不足していた。アメリカ軍の爆撃により、多くが焼失したからだ。実際、1958（昭和33）年の住宅数は1793万戸であり、同時期の世帯数2131万を下回っていた。

しかしその後はご存じのとおり、日本人は懸命に努力し、世界屈指の経済大国に成長、多くの人がマイホームを手に入れるようになった。実際、先のデータから半世紀後の2008（平成20）年のデータでは世帯数4796万に対し、住宅数が5759万戸と逆転している。

一方で、2005年から日本の人口は減少に転じており、この先も増えることはない。このような状況にあるのだから、もちろん古くなった建物を新しく建て直したりすることは必要だが、必要以上に住宅を建てることはないのは、誰にでも分かる。

にもかかわらず、である。日本では総住宅数が一貫して増加している。もう少し補足すると、1958年と2013年のデータの比較になるが、空き家率が2％から13・5％へと上昇しており、空き家の数は820万戸にも上る。

これも親しい日本人から聞いた内容であるが、実際、日本では世界屈指の都市である東京であっても、空き家があちらこちらに見られ、大きな社会問題になっていると

**新設住宅着工・利用関係別戸数**

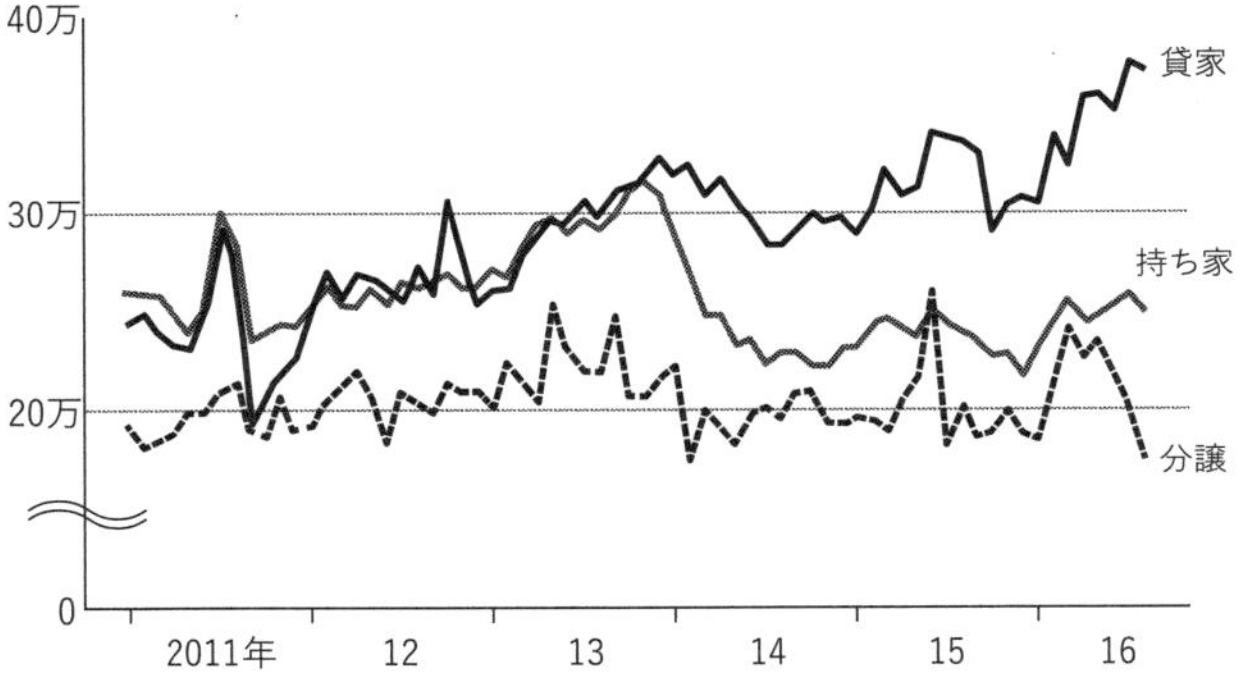


出典：国土交通省「建築着工統計調査」のデータを基にSBクリエイティブ株式会社が作成

いう。

理由は明白。投資目的の貸家の着工数が増加しているからだ（上図参照）。そして、そのようなビジネスをやりやすい状況をつくっているのが、低金利政策なのである。

このように、低金利政策は資源の配分を誤らせる。金利がゼロになると、人々は奇妙なものに資金を投入するようになるからだ。低金利政策は一見すると、多くの人々にとって魅力的に映るかもしれない。しかし、タダ同然で融資を受けられるという錯覚を生み、安易な借り入れを促進してしまうのである。

そのような錯覚にだまされて実際に投資を行うことが、まさに日本の不動産業界のような、資源配分や社会の歪《ひず》みを引き起こすのである。実際、これも歴史が物語っているが、日本に限らず歴史上どの国でも低金利政策により、多くの不良債権が発生している。


今回の本では投資についてはあまり触れていないが、読者の中にも投資を行っている人はいるだろう。そのような読者には、特に未来ある若者はぜひとも歴史を学び、単に金利が低いからとか、マーケットが賑わっているからとの理由ではなく、適切な先に投資を行ってもらいたい。

より生産性の高い経済に投資しない限り、そのお金で何をしようと、おそらくいつまで経《た》っても良い結果を生むことはないからだ。

実際、私は日本株を2023年にすべて手放した。そして日本よりも高いが正常な金利だと思われ、発展が見込めるシンガポールや中国などに投資をしている。

# 退職金や年金が支払われなくなる

長期的な低金利政策は、年金や退職金へも悪影響を及ぼしている。これらの制度が急速に高齢化する日本の老後の生活を支える重要な社会保障や資金でもあるにもかかわらずだ。

日本における年金制度は、国民年金や厚生年金といった公的なものから、民間企業が行っている厚生年金基金、確定拠出年金などがある。その他いわゆる生命保険等の私的な商品や制度など、さまざまなものがある。このあたりは外国人の私より、読者である日本人の方の方が詳しいだろう。

年金に関する商品はさまざまある一方、その多くの大枠の仕組みは共通している。投資者、権利者から預かったお金を、サービスを取り仕切っている企業や組織がまとめ、市場で運用するというものだ。

そうして、運用で得たリターンも含めて出資者に還元する。つまり運用先の利回りが高ければ高いほど、リターンは大きくなる仕組みだ。このような仕組みは年金だけでなく、企業の福利厚生の一つである退職金制度でも同様である。

企業における同制度の場合には、本人が出資したお金だけでなく、企業も出資をしてくれる。そのため、日本においては必然的に個人事業主よりも会社員の方が、多くの年金や退職金を得ることができるようになっている。

実際、すでに会社を退職しているシニア世代は、特に大企業に長く勤めた人であれば、数千万円という退職金に加え、月数万円の年金を受け取っており、悠々自適なシニアライフを送っている人も少なくない。

退職金や厚生年金は自分や企業が積み立てたお金に加え、運用のリターンも含まれた上で計算されている。このあたりはざっと説明するが、その計算で用いられているのが「割引率」であり、この割引率は国債の利回りにほぼ連動している。

勘のいい読者であれば、もう気づいたであろう。そう、国債の利回りが長年にわたり低かった日本では、運用リターンがほぼ期待できず、その不足分を企業もしくは本人が負担することになる。最悪の場合、負担ができない企業は退職金制度が破綻するような事態が生じるのである。

もう一つ、先ほど年金も同様の仕組みで運用されていると紹介したが、正確には違う。日本の年金制度はすでに崩壊していると言えるからだ。というのも、現在年金をもらっているシニア世代の原資は、自分たちが納めたり、金融商品の運用リターンで得たりしたものではなく、今まさに年金を納めている、生産世代が納付したお金を利用しているからだ。

このような年金制度は「賦課方式」と呼ばれるが、ここでもインフレ率の嘘などと近しい、政府の常套手段が窺える。日本をここまで育ててくれたシニア世代を助けましょうと、国民の公助の心に訴えかけることで、年金を徴収しているからだ。

確かに、日本の年金制度は当初から賦課方式であったから、バブル経済も含め、好調な景気が長きにわたり継続すれば、問題はなかったのかもしれない。しかし、バブルは弾け、対応策もうまくいかず、日本は失われた30年を歩むことになる。

つまりこの30年間、年金や退職金は大きなリターンを得ていなかったのである。そのため現に、企業においては年金制度の廃止や減額といった、痛みを伴う行動に出ているところもある。

一方で、国は動いていない。むしろ逆で、年金を支払っている人に対して、より多くの年金を払ってもらえないか、といったアピールに出ている。このような痛みを伴わない、小手先の政策で改善するはずがかない。

## 若い世代の貯蓄意欲の低下

ここからの2つは、悪影響を受けながらも、改善の兆しが見られるテーマについて触れたい。まずは、若い世代の貯蓄意欲の低下である。

日銀の金融緩和政策は日本人、特に若い世代の貯蓄の意欲を減退させ、実際に貯蓄率を停滞させてしまった。銀行に預けていてもほとんど利子がつかないのだから、預けようと思う人がいないのは、当然と言えるだろう。


このような状況から抜け出すには、まず投資によって資産が増えることを多くの人が理解し、その方法を見つけ、実施できる環境が整っていることが必要だ。幸いなことに日本市場は35年間の低迷を経て、ようやく投資が増え始めている。

序章で述べたようにＮＩＳＡや新ＮＩＳＡなど、投資意欲を呼び込む環境が、整いつつあるからだ。政府がようやく動いた、とも言えるだろう。現在の状況が続けば、状況は改善するかもしれない。

## 消費者の支出意欲の低下

続いては、消費者の支出意欲の低下である。まずは、消費マインドと個人消費について、そしてこれらが日本経済とどのように結びついているか、考えてみたい。

一般的に物価が下がると予想される場合、消費者は購買を控える傾向がある。このような行動傾向は、インフレで物価が上昇する状況下に見られる、積極的な消費行動とは表裏一体だ。

それでは日銀がインフレを起こせなかったことが、消費者の消費意欲を減退させる要因となったのだろうか。この点について、日銀の金融政策が経済に与えた影響を含めて考察してみたい。

消費者の行動を理解する上で重要なのは、実際の支出だけでなく、消費者の自信や心理的な側面も考慮に入れることだ。現在の日本の消費者の心理面は楽観的とは言い難く、自信に満ちているとも言えない状況にある。

　このような日本人の現在の心理状況は、日常生活のさまざまな場面に表れる。以前ほど気軽に外食をすることが減り、銀座の高級店で銀のゴブレット（器）を購入するような贅沢な消費行動も、減少している。

　消費行動の変化は単に経済的な要因だけでなく、社会全体の雰囲気や将来への不安とも密接に関連している。日銀ならびに政府が取り組んできた長年にわたる金融緩和政策は、こうした消費者心理にも大きな影響を与えてきたと考えられる。

　具体的には、長期的なデフレであり、政府や日銀は2％と明確なインフレ率の達成目標を掲げており、対策を行っているにもかかわらず、一向に達成できなかったことだ。このような長年にわたる日銀の金融政策の失敗が、将来に対する消費者の見通しを不安にさせたのだ。その結果として、消費意欲を減退させたと、私は見ている。

消費意欲が低い状況から抜け出すには、若い世代の貯蓄意欲低下の対策と同じく、投資を増やす方法を見つける必要がある。そしてこちらも同じく幸いなことに、日本市場は35年間の低迷を経て、ようやく投資が増え始めている。

さらには、いまだに政府や日銀は宣言をしていないが、30年以上続いたデフレ局面から、ようやく抜け出そうとしている。実際、日本で多くの物価上昇が見られる。このような状況が長期にわたり続けば、状況は改善するかもしれない。

## 低金利でお金を安く借りられるメリットは一時的

金利が低い日本であれば、お金を安く借りることができる。このことについて改めて考えてみたい。まずは、国内で成長を目指す中小企業の状況について。確かに、ふだん付き合いのある銀行の金利が低ければ資金調達はしやすいし、返済も楽だろう。

国内の中小企業に限らずグローバル規模の大企業、その他日本に進出してきている外資系企業、海外の投資家、日本で家を買おうとしている人、日本の不動産を購入しようと考えている海外の投資家などにとっても、世界と比べてかなり安くお金を借りることができる日本の状況は、良く映るのかもしれない。

しかし、繰り返し述べてきたことだが、金利が安いばかりに、お金を簡単に多くの人が借りられる状況であるばかりに、個人も企業もそして国も、本来であれば必要のない、しなくていい借金を持つことになる。

たとえば、一昔前であれば決して審査に通らず、起業や新規事業をできなかった経営者が、言葉を選ばずに言えば、大した事業内容や事業計画書でもないのに資金を借りることができてしまう。このような状況が生まれる。

住宅も同じである。正常な金利であれば住宅ローンを組むことができない層が、住宅ローン審査に通って、家を購入できてしまう。あるいは、自分の支払い能力を超えるような額のローンが組めてしまう。

実際、先ほど述べたように空き家が問題になっているにもかかわらず、また世帯数より住宅数が多いにもかかわらず、日本人は自分たちが暮らす家はもちろん、投資用の賃貸物件も含め、多くの不動産に投資をしている。

私はこれまで何度も日本を訪れているし、日本の友人とも連絡を取っている。人口は減っている、空き家があちらこちらで見られるにもかかわらず、相変わらずマンションが建築されている日本の状況は、異常であることは間違いない。

そしてそのことを多くの日本人も、気づいているのではないかと思う。特に、金利が高かった時代の日本を知っている世代の人たちは。

私は今の日本は、借金において抑制が利かない状態になっていると思う。そしていずれ、人々は気づくだろう。「なぜ、こんなにも借金をしてしまったのか」「なぜこんな無理なローンを組んだのか……」と。

そして今まさに、そのような問題が顕在化する転機が訪れている。日銀が金融緩和政策からの転換を決定、金利の上昇が始まったからだ。このまま金利が上がり続け、正常な数字になったらどのような状況になるのか。

住宅ローンが分かりやすいだろう。低金利だから支払うことができたが、金利が数倍にも上がってしまっては、払えない。そのような人たちが大勢あふれることは、目に見えている。最悪の場合、せっかく購入した、暮らしの根幹でもある自宅を、手放す必要性に迫られるのである。

事業ローンも同様だ。毎月の利息が増えたことで返済が厳しくなり、倒産してしまう。そしてこのような個人や企業の破綻により、お金を貸した銀行などの金融機関も大打撃を受けることになる。

このように一見すると得しているように感じる低金利だが、実は健全な経済成長を阻害する要因になっているのだ。

読者の中に、今は低金利だからとお金を借りることを考えている人がいるのであれば、長期的な目線に立ってほしい。子どもや孫にとっても良い借金であるかどうか、そこまで考えて、お金を借りてもらいたい。

## 正常な金利は「3％」

ところで、正常な金利とは何％なのだろうか。金融政策と経済の関係性、歴史的な視点から、考察してみたい。まず、借り入れのコストとリターンを計算することは、誰にもできるだろう。無利子もしくは通常よりも低い金利でお金を借りて、2％や6％で運用できれば、大儲けできる。

しかし、このような状況は永遠には続かない。結局のところ、最終的に金利は正常な水準に戻らざるを得ないからだ。その正常な金利が何％なのかは状況によって異なるが、0％やそれに近い低利率でないことは、歴史的に見ても明らかである。負債が増加し、人口が減少している国ではなおさらだ。

正直に言うと、正常な金利の定義があるのかどうか、私は答えを持っていない。だが、著名なエコノミストや教科書から、さらには歴史から学び世界の状況の真実を知れば、大抵のことは分かる。アメリカを例に取ればば3～6％の間、特に3％が歴史的に正常な金利とされている。


金利について考える際には、イールドカーブの形状が参考になる。今後のイールドカーブの形状についても考えてみたい。改めてイールドカーブとは、債券の利回り（金利）と返済期間との相関性をグラフで示したもので、横軸が返済までの期間、縦軸が利回りとなっている。利回り曲線とも呼ばれる。

順イールドとは、平常時もしくは金融緩和政策時に用いられるカーブで、借入時の金利はそれほど高くないが、返済期間が長くなるにつれ金利が高まっていく。対して逆イールドは金融引き締め時に見られる曲線であり、借入時の金利を高く設定することで、余分な借り入れを増やさない。

## イールドカーブ

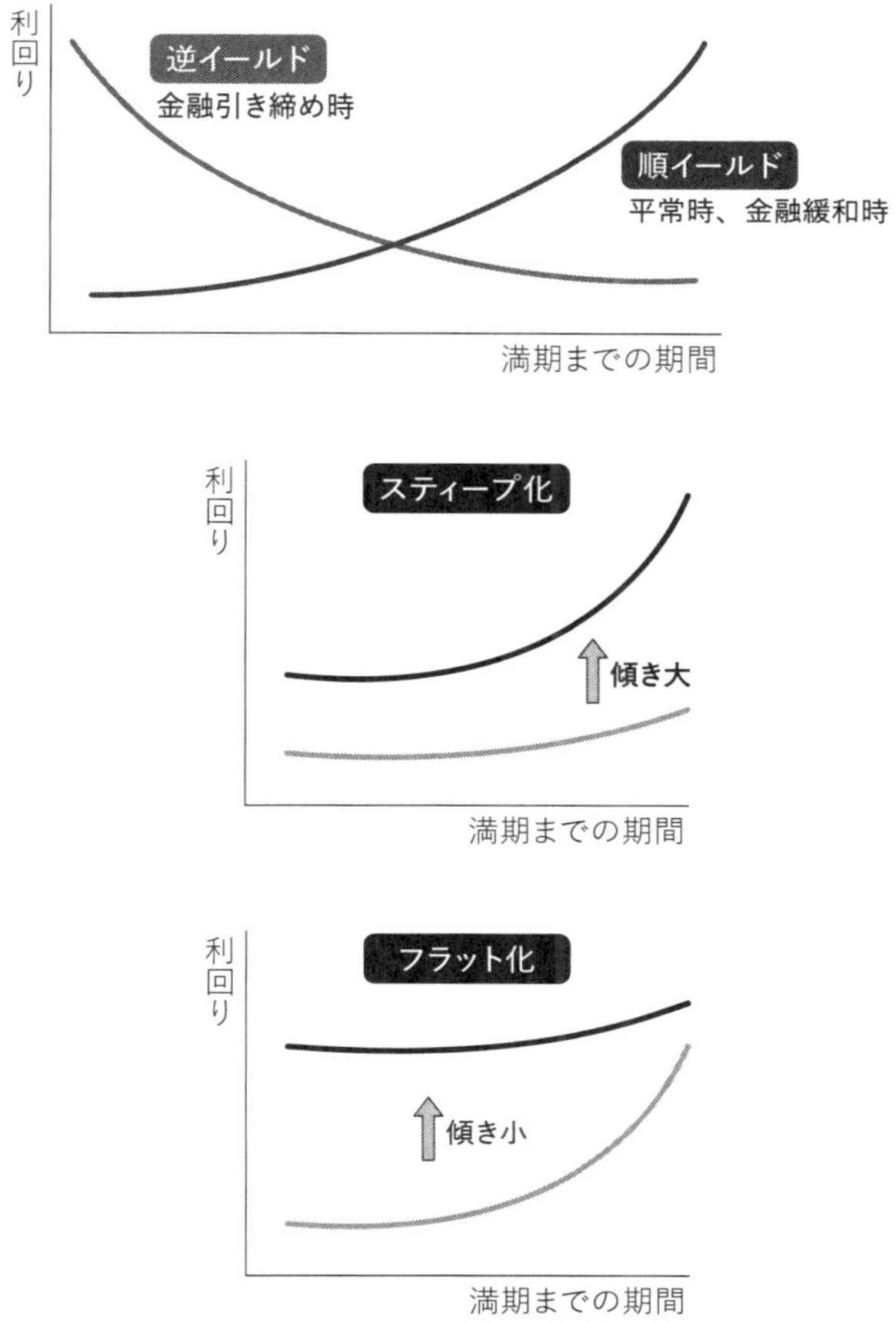


出典：大和証券「金融・証券用語解説［イールドカーブ］
©JIJI PRESS」より引用

また、イールドカーブの傾きが大きくなることをスティープ化、逆に傾きが小さくフラットに近い状態になることをフラット化と言う（前ページ図参照）。

このイールドカーブを踏まえた上で、歴史上の金融政策を考察してみると、イールドカーブは通常、急な傾斜になっていることが分かる。ところが日本のイールドカーブは、全体で低水準であり、かつフラットもしくはフラットに近い状態を維持していた。

このようにイールドカーブを見ても、日本で起きていることは歴史的に見て異常であり、長続きした例はない。逆にもし金利が正常化すれば、米国と同じような逆イールドになる可能性が高いと、私は見ている。

# 国債、ETFの大規模買い入れのリスク

量的緩和、国債やETFの購入による影響についても考えてみたい。

先述したとおり、黒田総裁に日銀のトップが変わってから、日銀の金融緩和政策はさらに加速。特に2013（平成25）年の「量的・質的金融緩和」政策の導入以降、大規模な国債の買い入れが行われた。

改めて、日銀が国債を購入した意図を考えてみたい。大きくは2つある。

1つ目は、日銀が国債の購入代金としてお金を金融市場に流すことで、金融市場の安定化はもちろん、社会に出回るお金の量が増え、景気が良くなる、との考えだ。

2つ目は、金融市場において金利の指標となる、国債の利回りを低く抑えるためだ。これは、日銀が国債を購入すると価格が上昇するため、逆に利回りが下がるから

**日銀の金融資産買い入れ**

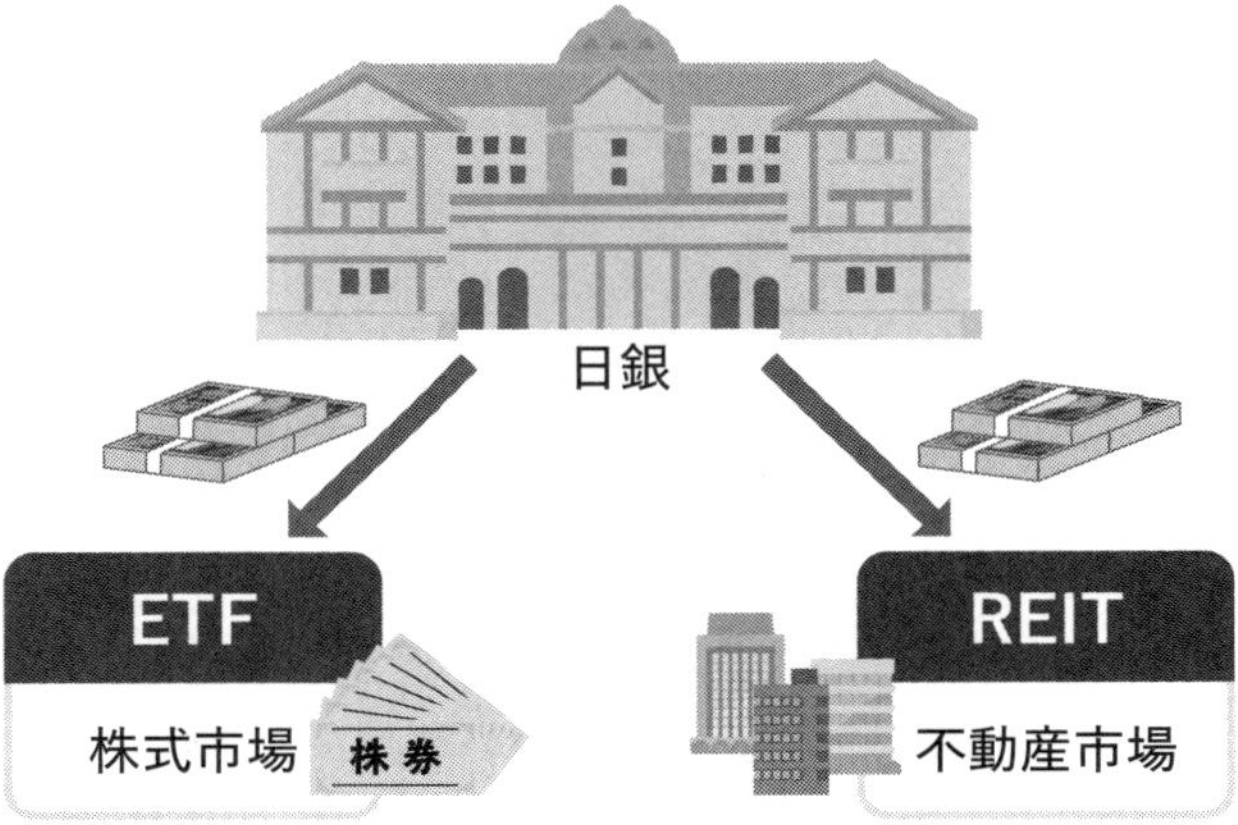


だ。このような日銀の大規模な国債買い入れは、確かに経済と株式市場に一石を投じ、株式市場の上昇を維持しているかのように見える。

ＥＴＦやＲＥＩＴなど、他の金融資産を購入したのも同様の意図だろう。1章（42ページ）で述べたように、日銀の役割を果たしたとも言えるかもしれない。日銀によるＥＴＦの買い入れは２０１０（平成22）年から始まり、買い入れ額ならびに対象となる銘柄の増加などを経て、２０２４（令和6）年3月まで続いた。

しかしこれまで述べてきたように、あくまで小手先、短期間の処置であり、長期的な視点で見れば、問題を先送りしているに過ぎない、と私は見ていた。

実際、根本的な課題解決にはつながらず、植田総裁が同政策から脱却、国債の買い入れも前回と比べ500億円減らすことも発表した。日銀が国債の買い入れ減額を発表して以降、金利の上昇傾向が続いている。

金利は今後、さらに上昇していくことだろう。その結果はこれまで述べてきたとおり。金利が低いからとの理由で参加していた投資家の撤退、高金利により利息を支払うことが難しくなった企業や個人の破綻などが、この先に起こることは十分考えられる。

## 新紙幣の導入は経済にプラスか

この本の執筆中にはもう一つ、お金に関する大きなトピックがあった。2024（令和6）年7月に、日銀が新しい一万円札、五千円札、千円札を発行したことだ。一万円札には先ほど登場した日銀の第16代総裁、渋澤敬三の祖父である渋澤栄一が描かれていたことは、なんとも感慨深い。

実は私も早速、新しい日本の一万円札を手にした。しかし正直なところ、古い紙幣と大きな違いは感じられなかった。一方で、新紙幣の発行が日本経済に与える影響については、いくつかの興味深い見方があるので、せっかくの機会なので触れようと思う。

一つの見方として、新紙幣の発行によって、マットレスの下や引き出しの中に眠っていた現金が表に出てくるのではないか、という意見がある。確かにこの考えには、一定の論理性がある。人々は自分の持っている古い紙幣を、新しいものに交換しようとするからだ。

このような行動の結果、これまで隠れていた、眠っていた現金が、経済の表舞台に登場する可能性がある。つまり政府は誰がどれだけの現金を保有しているかを、より正確に把握でき、課税の面でも影響があるかもしれない。この理論は、国が通貨交換を行う際によく議論されるものでもある。

しかし、この理論の妥当性については、慎重に検討する必要がある。というのも新紙幣発行の効果は、短期的な心理的影響以外には、それほど大きくないと感じるからだ。

人々は確かに新紙幣を使おうとするだろう。このような心理は、古い紙幣が無価値になるのではないかという恐れや、政府への不信感からきているのかもしれない。その結果、多くの人々が突然、古い紙幣を手放そうとすることも考えられる。

つまり、政府が古い紙幣を無価値にするような決定を下す前に、使ってしまおうとの心理や思考だ。「政府に渡すくらいなら新しい車を買った方がまだまし」と考える人もいるかもしれない。

しかし、このような行動が本当に大規模に起こるかどうかは疑問だ。つまり、多くの人々にとって、新紙幣と古い紙幣の違いはそれほど大きくないと、私は見ている。日本の場合は他の国々と比べて、現金の信頼性が高いことも考慮に入れる必要がある。

結局のところ、新紙幣の発行が日本経済に与える影響は、短期的には一定の刺激があるかもしれないが、長期的には限定的なものになる可能性が高い。むしろ、この機会に現金の流通や使用状況を分析し、デジタル化が進む中での通貨政策のあり方を再考する良い機会になるかもしれない。

新紙幣の発行は、表面的には単なる通貨のデザイン変更に過ぎないように見える。しかし背後には、経済政策、国民の心理、政府と国民の信頼関係など、さまざまな要素が絡み合っているのである。

これらの要素を総合的に考慮しながら、新紙幣の発行が日本経済にどのような影響を与えるのか、今後も注意深く観察していく必要がある。

# 第4章

# 危機を回避するための「痛みを伴う改革」

# 日本はこのままでは破綻する

日本はお気に入りの国の一つであるが、ここまで述べてきたように、明らかに大きな危機が訪れている。デフレからの脱却、少しはインフレ局面に移行した感はあるが、抜本的な改善には至っていない。

この先も、このまま状況を改善する抜本的な政策が行われなければ、第3章で述べたように人口は減り続け、借金も増え続けていくだろう。生活水準ならびに国際競争力はさらなる下降線をたどり、企業の倒産や個人の破綻も増えるかもしれない。今の日本では考えられないような、治安の悪化も大いに考えられる。

このように、日本の未来は暗い。誰かがすぐに何かをしない限り、この状況は変わらないだろう。誤解を恐れずに言えば、日本そのものがデフォルト、破綻する可能性が高いと私は思っており、日本は正念場を迎えている。

「今度は違う」「日本は違う」と目を覆うのは、間違いであることを、多くの日本人は認識しておく必要がある。現に私だけでなく多くの日本人も無意識かもしれないが、何かがおかしいと感じ始めていたり、違和感を覚えていたりしているのではないだろうか。

そのような違和感は、次第に明確な認識へと変わっていく。「日本を捨てる」「日本を出よう」との意識だ。そして、そのような行動が起こされ、多くの日本人が日本から離れていった際には、ますます人口減少は進むことだろう。新たな人材が入ってくることも期待できない。

つまり日本はこのままでは、衰退してしまうのである。このような状況は、かつて世界有数の繁栄を誇ったポルトガルの歴史とも重なる。

南ヨーロッパのイベリア半島、ユーラシア大陸の最西端に位置するポルトガル。国の大部分を大西洋に面している恵まれた立地から、大航海時代にはパイオニアとして海外に進出していった。

中でも1400年代前半に、より積極的に海外進出を支援したエンリケ王子時代には、海外進出がより本格化する。次々と世界中の大陸や国に進出していき、アフリカやブラジルといった世界各国で植民地を拡大するとともに、農場を展開するなどして、勢力圏や経済圏を世界中に広めていった。

日本をはじめとする東南アジアも訪れている。日本においては、鉄砲、タバコ等を伝えるなど、西洋の文明や文化を紹介した功績も大きい。日本を代表する料理、天ぷらも実は名称も含め、ポルトガルが起源だとの説もある。

このような大航海時代の礎を築いたエンリケ王子はその活躍や功績から、エンリケ航海王子と呼ばれることもある。

ところが1755年の11月1日に、ポルトガルの首都であるリスボンを、マグニチュード9ほどの大地震が襲う。津波や火災が発生し、街は壊滅状態に。死者も6万人ほどに上ったと言われている。

ポルトガルはこの大地震をきっかけに、国内の政治や経済が混乱する。それまで世界を代表する貿易大国から一転、みるみるうちに経済が弱体化していき、歴史の表舞台から消えていった。

２５０年の時を経て、２０１０年のギリシャ危機から始まった欧州信用危機の中で、２０１１年には自国での復興が難しいと判断することとなった。

イギリスが衰退したときにも支援に乗り出したＩＭＦのもと、経済の健全化を図ることになる。だが、欧州全体の経済状態が良くなかった時期と重なった不運もあり、衰退の一途をたどってしまう。株価は急落し、金利が高くなるなどの状態が続いている。

ポルトガルの停滞は、日本のように失われた30年という期間ではなく、２５０年もの間にわたって、である。つまり日本も経済や金融政策がうまくいかなければ、今後数百年という長きにわたり、ポルトガルのような失われた時代が継続する可能性があるのだ。

日本がポルトガルのように長い間、不毛な時代を送らないためにはどうすればよいのか。日本をデフレなどの経済不安から脱却させ、再び成長軌道に乗せることができるだろうか。

最終章では、日本が再び以前のような経済大国に復活するために政府や日銀はどのような取り組みや政策を行うべきか、私の考えを改めて日本人に伝えたい。

## 歴史を学び、長期的な視点で改革に取り組む

まずは、これまで何度も述べてきたように、歴史をしっかり学ぶこと、過去の事例を徹底的に調べることが重要だ。というのも歴史から学ぶことの重要性は、私たちのような一般市民には理解できても、為政者たちにはなかなか響かないからだ。

ドナルド・トランプ元大統領が「自分は歴史よりも賢い」と豪語したことは、象徴的な例と言えるだろう。しかし歴史の教訓を無視することの危険性は、これも歴史が物語ってきたことでもある。

将来のことを考えた長期的な視点で、抜本的な改革を行うことも重要だ。現在の政策決定者たちである官僚や政治家は、往々にして短期的な視点で物事を捉え、目先の対応に終始している傾向があるからだ。

彼らは15年後、20年後の日本のことを真剣に考えているだろうか。残念ながら、私にはそのようには思えない。なぜなら彼らの多くは、そのころには現役を退いているか、この世を去っているかもしれないからだ。またこれまで何度か述べてきたように、目先、小手先の改善をすることが、保身にもなるからだ。

ただこのよう傾向は、日本に限った話ではない。アメリカの政治家たちも同様の姿勢を取ることが多い。だからこそ短期的な策ではなく、20年後、30年後の日本を見据えた政策、ならびにそのような政策をこちらも長きにわたり牽引していくことのできる、リーダーの存在も重要となってくる。

実際、私は投資判断をする際の重要な指標として、その国や企業のリーダーの資質や取り組みについて、徹底的に調べ上げている。

## 大量の紙幣発行をやめ、借金の返済を優先する

改めて、日本経済が復興するための取り組みについて述べていきたい。まずは、繰り返しの感もあるが、日銀は大量の紙幣を刷ること、巨額の負債を抱え続けることをやめるべきだ。そして、政府は借金を返済していく。お金は刷れば刷るだけ価値が下がり、相対的にものの値段が上昇するからだ。いわゆる、ハイパーインフレである。

実際、アフリカ大陸の南部に位置する共和国、ジンバブエがそのような道をたどった。1980年に英国から独立したジンバブエは、金やプラチナ、クロムといった豊富な鉱物資源に恵まれていた。アフリカの穀物庫と呼ばれるほどの農業大国でもあり、社会インフラも整備されていた。

このような環境であったため、農業、鉱業、製造業がバランスよく成長を遂げ、ア

フリカにおいて将来最も有望な国の一つとして、位置づけられていた。実際、多くの人々がジンバブエに移り住みたがり、移り住んだ人々は豊かな生活を送ってもいた。農家は大金を稼ぎ、輸出も盛んだった。

ところが、国が発展するために必要な優秀なリーダーが欠如していた。むしろその逆で、ロバート・ムガベという独裁的な人物が、首相や大統領に就任してしまう。ムガベが独裁を進めていった結果、ジンバブエのかつての隆盛はまたたく間に失墜。国際社会からの孤立や貧困問題なども生じるようになり、見るも無惨な、以前とは打って変わった後進国に堕《お》ちてしまう。

ムガベが行った、間違った、稚拙とも指摘される経済政策は数多くあるが、本書に関係する内容の政策は、２０００年代に行われた２つだ。

１つ目は、労働者からの賃上げ要求への対応や選挙費用を捻出するために、ジンバブエの通貨であるジンバブエ・ドルを発行し続けた。その結果、物価は極端に上昇することになる。

2つ目は、農地の強制収容だ。ムガベは黒人を優遇するために、黒人が白人の地主から農地を奪うことを合法化し、最終的には白人から資産を没収するような政策を実行した。そして、農地と仕事を奪われた白人は国外に逃亡するという事態を招く。

ムガベ自身はこのような結果に満足したのかもしれない。しかし、土地を奪った黒人は農業のノウハウを持っていなかった。その結果、かつてはアフリカの穀物庫と称されたジンバブエの農業生産性は大きく下落していった。

そして、しまいには自国の食糧まで不足する事態に陥る。しかし、このような状況になってもムガベはさらなる暴挙に出る。ジンバブエで事業を行っていた海外企業の株式の過半数を、ジンバブエの黒人に与えろとの政策を行ったのだ。

農業に加え、他のビジネスもまともにできなくなった外資系企業は、一斉にジンバブエから撤退していった。その結果、ジンバブエのもの不足はさらに深刻化する。

ものが不足すれば価格は当然上がる。さらには先述したように、莫大《ばくだい》な量のお金を印刷していた。インフレは止まることなく急激に進み、町のスーパーの棚からは品物がまったくなくなるという状態になった。

このように、優秀ではないリーダーが稚拙な政策を実行したことにより、かつては大繁栄していたジンバブエが、今では世界で最も貧しい国の一つになってしまったのである。

日本人の多くは、ジンバブエが経験した歴史を「私たちとは関係ない」と言うかもしれない。しかし私から見れば、日本もジンバブエのような危機的な状況に陥る可能性は十分にある。

## 金利を市場に委ね、日銀の介入を排除する

続いては1章でも少し触れたが、日銀はマーケットに介入するべきでない。市場から撤退し、市場に主導権を握らせる。日銀が金利を決め、為替に介入するといった政策を改める必要がある。自分たちで何かを決定する、決定できるという体制や姿勢、思考を改めるべきだ。

金利が高すぎると感じても、通貨の価値が下落する局面を迎えたとしても、日銀は介入しない。市場が決めたことだと思い、受け入れるのである。確かに日銀には、非常に教養のある優秀な人材が豊富にいる。しかし先ほど述べたように、市場の判断の方が賢明で優秀だと思うからだ。

実際、市場が主導権を握り金利を自由にさせれば、日銀がどれだけ国債を買おう

が、何をしようが関係なくなる。日銀はさらにお金を刷るかもしれないが、市場はそれすら気にしなくなるだろう。そして金利は、正常な値へと自然と導かれていくのである。

もちろん、市場が主導権を握ると経済の危機や場合によっては崩壊につながる可能性もある。しかし、そのような状況はあくまで短期的な痛みであり、長期的な目線で見れば、市場の持つ力の方が、日銀などの中央銀行よりも経済を正常化させる可能性がある。これも、歴史が物語っている。

長年言い続けてきたことでもあるが、勤勉な人が成功しないわけがない。これは、国でも該当する。実際、今から数十年前に日本が戦争に負け、焼け野原となった状況から劇的な、世界でも類を見ないような経済復興ならびに発展を遂げたのは、日本国民の多くが勤勉で、努力したからに他ならない。

国の政策が良かったからでもなく、日銀がマーケットに介入し金融政策を行ったからでもないのである。つまり再び日本が元気を取り戻すには、政府や日銀に頼ることなく、日本人が以前のように勤勉で努力する必要もある、ということだ。

実際、これから世界の覇権国になるであろうと私が考えている中国や中国人にも、今の主張が当てはまる。さらに言えば、北朝鮮。多くの人が斜め上から見ている国だろうが、私は北朝鮮が今後、韓国と再び統一すればとの条件はつくが、台頭すると見ている。

北朝鮮の人々も中国人と同じく、勤勉だからだ。私は北朝鮮にも何度か訪れたことがあり、実際にこの目や肌で北朝鮮の人々を観察し、感じ得たことでもある。歴史を知ることはとても大事だ。一方で、教科書やニュースだけからの学びでは、間違っている情報を信じてしまう危険性もある。

このような点からも、日本をこれから立て直していく、特に若い世代の人たちには実際に自分の目で見て、耳で聞くなどして、状況を把握。その上で、適切だと思う判断を下してほしい。このような思いもあり、ぜひとも海外旅行や世界を巡るような旅に、積極的に出かけてもらいたい。

## 日本再興のためには人口を増やすしかない

人口減少問題の解決についても、私なりの考えや意見を述べたい。

日本人の多くは、将来的に日本に問題が起きることが分かっているから、子どもを産まないと私は見ている。これまで述べてきたように、本人が意識している、感じ取っているかどうかは別としても、多くの若者が将来に不安を感じているように思えるからだ。

戦後、日本が世界屈指の経済大国になったのは、努力をしたことはもちろんだが、人口が増えていったことも大きい。つまり日本が再び復興するには、人口を増やすことも重要なのである。というより、人口を増やすしかない。

人口を増やすための取り組みは2つある。出生率を上げるか、移民を受け入れるか、あるいはその両方を行うか。私は、どちらも行う必要があると考えている。しかし残念なことに、現在の日本にはそのどちらも行う動きが見られない。

## 一刻も早く移民を受け入れる

日本を見ていると、移民の受け入れには根強い反対意見があるように感じる。つまり、移民を増やすことによる人口減少問題の解決は、多くの日本国民が望んでいないい対策だということだ。

理由はいくつか考えられる。まずは、外国人に仕事を奪われるのではないか、との不安だ。しかし、このような考えは間違っている。多くの移民を受け入れているアメリカを見れば明白だからだ。

ＧＡＦＡという言葉に代表されるように、アメリカからはグローバルで大活躍している、世界中の企業や人々になくてはならない商品やサービスを提供している企業が、数多くある。そしてこれらの大企業を創業したり、幹部を務めていたりする人たちの多くは、移民である。

マイクロソフトやグーグルの経営陣はインドからの移民が多いし、テスラやスペースXの創業者であるイーロン・マスクは、南アフリカからアメリカに移り住んだ人物である。

そして、もはや説明するまでもないだろう。マイクロソフトやグーグル、テスラやスペースXといった企業でどれだけの従業員が働いていて、どれだけの経済効果を生んでいるのか。

そう、実際には移民は雇用と経済効果を生み出すのである。日本だとどうしても移民と聞くと、出稼ぎ労働者的なイメージを持ちがちだが、決してそんなことはなく、優秀な移民を多く日本に迎え入れればよいのだ。

ただしそのためには、移民に日本が良い国だと思われる必要がある。そういった観点からも、一刻も早い経済復興が必要不可欠なのである。

さらに移民は、子育てに対して積極的な傾向があるため、少子化の解消に寄与してくれることも大きい。日本の女性たちが子育てに積極的ではないとしても、その代わりを移民の女性たちがしてくれる可能性があるからだ。

移民受け入れに関するネガティブでマイナスな法律や就労ビザなどは即座に撤廃し、一刻も早く、日本は多くの移民を受け入れるべきである。

## あらゆる少子化対策を施す

これは日銀というよりも日本政府への提言だが、現在の日本の人口減少は、政府の政策ミスによるものだと私は考えている。日本の女性に「なぜ子どもを産まないのか？」と尋ねれば、すぐに分かるからだ。「大変」「お金がかかる」など、ネガティブな意見しか聞かれない。そのような社会に、政府がしてしまっているからだ。本来、出産や子育てというのは、多くの喜びをもたらすものであるのに、である。私自身、60歳を超えてからではあるが2人の子ども（姉妹）を授かった。彼女たちがいるだけで、とても幸せを感じている。

日本政府は少子化対策になり得ることであれば、なんでも早急に取り組むべきだ。たとえば、子育てをしている女性にインセンティブを与える。仕事と育児が両立しやすい環境をより一層整備する。一方で、女性のキャリアが仕事と育児の二者択一とならないような環境も、併せて整える必要があるだろう。

女性に関する環境整備だけではない。日本社会全体として結婚、出産、育児を応援していますとの雰囲気を醸成するとともに、至極当たり前の考えではあるが、「子どもは宝」との意識を、広く日本国民に浸透させる努力をするべきだ。

歴史を見ると、多くの国が外国人の受け入れを拒否することで、それまでの隆盛から一転、衰退の道をたどっていることが分かる。先述したイギリスもそうだし、イギリスからの独立を果たした後、一時期はアジアで最も裕福だと言われたビルマ（現・ミャンマー）も同様だ。

アフリカに目を向ければ、貧困で苦しむ国々が多い中、裕福な国として名を馳せていたガーナ共和国も、外国人の受け入れを拒んだことで衰退していった。日本も早急に手を打つべきだ。

## 政策を批判的に見る姿勢を身に付ける

政策立案者である日銀や官僚、政治家たちは、往々にして簡単な方法を求めがちだ。彼らは短期的な成果を求め、有権者の支持を得ようとするからだ。これは度々述べてきたことでもある。政策を批判的に見る姿勢を身に付けるべきだ。

しかし、彼らの政策の結果が予想以上に悪化すると、国民は彼らを非難し、追い出そうとする。これは典型的な社会の姿であり、人間の性質、本質でもある。誰も痛みを受けたくはないからだ。

日銀の総裁も同様だ。総裁は賢明で、我々が皆、良い時代や幸せな毎日を望んでいること、楽な道を望んでいることを知っている。その結果、日銀総裁という仕事を続けたい、ポジションを失いたくないのなら、短期的で成果の出る簡単な方法で続けてしまいがちだ。

まさに日本が35年近く続けてきた低金利対策は、いい例だ。あらゆるものが安く、ローンは組みやすい。個人、企業にとっても、目先の感覚としては幸せだったと思う。

しかし国民は目先の幸せだけを見るのではなく、政策立案者たちがなぜそのような政策を行ったのか、動機や行動を懐疑的、批判的に見る目が求められる。そして最終的に、そのような政策が将来、自分たちの子どもや孫世代に、どのような影響を与えるかを常に考慮しなければならない。

実際、私も、植田総裁の言動については、常に懐疑的な目で見るようにしている。そしてそのような姿勢こそが、目先の短期的な幸せではない、本物の幸せを手に入れることになるとも思う。

人というのは往々にして、誰かが現在の状況を納得させてくれるような説明や答えを持っている場合、その説明を受け入れる傾向にある。このような傾向も、歴史上何度も繰り返されてきた現象だ。

私はこのような話をしていると、歴史上の多くの人物を思い出す。中でも最も有名な人物は、ナチス・ドイツで国民啓蒙ならびに宣伝相を努めた、ヨーゼフ・ゲッベルスだろう。彼は、次のように言っている。

「政府は人々に、実行すべき政策が素晴らしい理由を語れば、人々はさらに求めるようになる。嘘も十分に大きくし繰り返せば、人々はそれを信じるようになる。嘘も百回言えば真実となる」

私は決して、日銀総裁や日本の政府官僚を、ゲッベルスと比較しているわけではない。しかし、ゲッベルスの原理は今日の経済政策においても見られることは間違いない。政策立案者が不健全な政策を、良いものだと人々に納得させようとする傾向は、常に存在するからだ。

## 「痛みを伴う改革」で真の復興を実現する

ここまで私が考える、日本を崩壊から救う策を述べてきた。一方で、仮に私が日銀総裁になったとしても、長期的な視点に立ち、抜本的に改革が進む正しい政策を実行するのは、容易ではないだろう。なぜなら、正しい政策とは往々にして痛みを伴うものであり、多くの人々は痛みを嫌うからだ。

たとえば、日銀が市場に介入しないとの政策に転換すれば、金利は上昇し、通貨はしばらくの間上昇することだろう。その結果、一部の人々は恩恵を受けるかもしれないが、多くの人々は苦しむことになる。

しかし、日本は今こそ長期的な視点に立った痛みを伴う改革を行う必要がある。イギリスを復活させる際、福祉を切り捨てるなどの痛みを伴う改革を行ったリーダー、サッチャーのように。

アメリカも同様だ。大不況や世界的な金融危機が起きたときにアメリカ政府やFRBは、いくつかの企業を倒産させるという、まさしく痛みを伴う改革を行うことで、その先にある本物の復興を手に入れようとした。

まさにこの「痛みを伴う」という点が、日本には欠如している点であり、だからこそ日本はイギリスやアメリカと異なり、35年もの長きにわたり経済が失われる時代を経験することになったのである。

痛みを伴う改革を実行することは、大きな決断であることは間違いない。しかし、大きな決断を下し、痛みを乗り越え持続可能な経済成長の道筋をつくることが、現在の日本にとって最も重要な課題であることは間違いない。

## 植田総裁は救世主となり得るか？

最後に改めて、現在の日銀総裁について触れておこう。第32代総裁に2023（令和5）年の4月に就任した、植田和男である。

植田総裁は果たして優秀なリーダーなのかどうか、日本を再建することができるのかどうか、適任者であるかどうか、FRBにおけるマーティンやボルカーのように、後世に語り継がれる人物となり得るのだろうか。特にこの点について、論じていきたい。

まず、これまでの日銀総裁と異なるのは、キャリアだ。これまでの日銀総裁は、いわゆるプロパー、日銀で働いていた行員。もしくは天下りとも捉えることができるだろう、財務省出身の官僚が務めていた。

対して植田総裁は、国内外の大学で経済学を学んできたアカデミアンであり、マクロ経済学や金融論の分野では、日本を代表する学者の一人でもある。このような国際的なキャリアを持つこと、アメリカの多くの学者に師事していることも、過去の日銀総裁と異なる点の一つでもある。

もちろん海外で教育を受けていたり師匠がいたりするからといって、また一流大学で学んでいるからといって、それが実際の政策運営にどのように影響するかは別問題であり、日本にとって良いことなのかどうかは議論の余地はあるだろう。

植田総裁は日銀のトップになる前、日銀の仕事をしていた時代も、教授として大学で教鞭を執っていた。日銀との関係は、先述した日銀の法改正が行われた当時、審議委員を務めたことだ。

ここからは本題。日銀総裁に就任した彼の評価について、触れていきたい。まずは評価されている点について。コミュニケーション能力の高さが挙げられる。市場やメディアとの対話において、非常に慎重で穏やかな姿勢を見せているからだ。たとえば「空は青い」というようなシンプルな表現を使い、誰もそれに疑問を投げかけない限り、皆が納得する。これは彼のコミュニケーション戦略だと、私は見ている。

日銀総裁の仕事は、「物事は素晴らしい。心配する必要はない」と人々に伝えることでもある。この点においても植田総裁は、その役割を現時点では、非常にうまくこなしていると感じる。

また彼は、円安が日本の一般市民に悪影響を与える可能性があることも理解している。一方で、外国人投資家を引き付ける効果もあることを認識している。観光客の増加や輸出産業の競争力向上など、短期的には多くの利点があることもだ。これは、先ほど述べたとおりである。

現時点では、彼の説明に耳を傾けない人、反対する人はほとんどいないように見える。つまり現時点では、多くの人々が彼の政策に満足しているように私は感じている。

一方で、批判もある。たとえば他の中央銀行、ＦＲＢのような機関が当たり前に提供する、具体的な数字やデータが欠如している点だ。具体的には、植田総裁が話す言葉や内容には、同じ立場の海外の中央銀行が示している、具体的な数値予測がなく、今のところは概念や理論のレベルにとどまっている。

ただ、ＦＲＢが発表するドット・プロット（統計グラフの一種）のような予測でさえ、実際には誰もが持ち得る基本的な予測に過ぎず、市場にはあまり役立たない、という見方もある。そう考えると彼の抽象的な表現も、一概に批判できない。

むしろ逆に、そのようなアプローチやコミュニケーションが、植田総裁が現時点で評価されている、成功の秘訣《ひけつ》かもしれないようにも思える。

批判は他にもある。迅速な決断を下さないことだ。円安に対する対応はもちろん、ゼロ金利政策やイールドカーブ・コントロールからの脱却が遅いという批判だ。つまり総裁は変わったが、日銀がすでに実施している過去の政策から、十分に脱却させていないとの指摘である。

しかし私には、彼は市場を急激に荒々しく動かすことなく、すべての動きを丁寧に説明しているように感じている。

たとえば円安の放置において。明らかに物価上昇を導いていることから、若い世代から働きざかりの人たち、さらには年金生活者など、多くの日本人にとって生活費の増加などストレスとなっている。

しかし、植田総裁の反応は次のようなものだろう。「確かに、一時的に困難を抱える人もいるでしょう。しかし、雇用は増えています。観光客も増えています。輸出産業も好調です。これは長期的には我々全員にとって良いことなのです」と。

彼はテレビに出演し、このように直接国民に語りかける。そして多くの人々は、彼の説明の巧みさに感心する。彼の説明能力の高さは、批判をかわす上で大きな武器となっているように私の目には映る。

## 日本の若者が幸せに暮らせる未来を望む

この本を執筆している当初の段階で私は、植田総裁についてこのような見解や評価を持っていた。

しかし、執筆中に彼はアクションを起こした。円安は経済物価の動向に影響を及ぼす重要な要因の一つであると、先の発言を翻す言葉を公の場で述べた。また、リスクが高まる場合には金融政策の対応が必要になる、とも述べた。

そして実際、政府は為替に介入。約10兆円近い円を購入した、と見られる。彼はさらに動く。17年続いたゼロ金利政策から脱却、政策金利を上げることを決めたのである。金融緩和政策のいくつかもストップした。

日本のメディアはこぞって、「金融政策の正常化」と評価。単なる一時的な対応策ではなく、日本経済の長期的な健全性と競争力を確保するための、重要なステップだと好意的に迎えているように見える。私もそのように考えている。

一方で、批判がまったくなくなったわけではない。政府からの独立性が非常に微妙であること。具体的には、日銀が政府やアメリカの政策の影響を受けすぎているとの指摘だ。

しかし、このような政府とのコミュニケーションや協力は、必要だという意見もある。これまで述べてきたように、政治家に彼らのやり方でやらせておけば「タダ飯」の政策が横行するからだ。

「タダ飯」は長期的には存在しない。適切な金利、適切な融資、適切な返済、これらすべてに規律が必要だ。規律という言葉は耳障りかもしれない。しかし、好むと好まざるとにかかわらず、健全な経済を営むためには必要なのである。植田総裁も、私たちが規律正しくあることを望んでいると思う。

植田総裁が取り組んでいる金融政策が果たして正しいのかどうか。彼が、日本経済ならびに日本人にとって、救世主的なリーダーになるかどうかの判断は正直、早計だと言えるだろう。最終的な評価は、彼の政策の結果が出てから行うべきだからだ。

ビジネスの世界でも、最初の2年間は順調でも12年後に倒産してしまえば、成功とは呼べない。同じことが経済政策や金融政策にも言える。つまり、評価は時間が経ってから下されるべきであり、彼にはもう少し時間を与える必要がある。

しかし心の内では、これは多くの日本人も同じ心情だと思うが、彼が正しい取り組みを行い、その取り組みが長期的に成功することを願わざるを得ない。何度でも言おう、私は日本と日本人が大好きだからだ。

日本が再び経済的困難に直面しない、特に、これからの日本を担う日本の若い世代が苦しむことのない、良い時間、良き人生を過ごせる未来が日本に訪れることを心から望んでいる。

## 参考文献

『捨てられる日本』（SB新書、２０２３年）
『２０３０年　お金の世界地図』（SB新書、２０２４年）
『日本への警告』（講談社＋α新書、２０１９年）

著者略歴

## ジム・ロジャーズ（Jim Rogers）

1942年、米国アラバマ州生まれ。イェール大学で歴史学、オックスフォード大学で哲学を修めた後、ウォール街で働く。ジョージ・ソロスとクォンタム・ファンドを設立し、10年間で4200パーセントという驚異的なリターンを上げる。37歳で引退した後、コロンビア大学で金融論を指導する傍ら、テレビやラジオのコメンテーターとして活躍。2007年よりシンガポール在住。ウォーレン・バフェット、ジョージ・ソロスと並び世界3大投資家と称される。主な著書に『2030年 お金の世界地図』『捨てられる日本』（共にSBクリエイティブ）、『冒険投資家ジム・ロジャーズ 世界大発見』（日経ビジネス人文庫）、『危機の時代』（日経BP）、『ジム・ロジャーズ 大予測』（東洋経済新報社）、『大転換の時代』（プレジデント社）がある。

監修・翻訳者略歴

## 花輪陽子（はなわ・ようこ）

シンガポール在住ファイナンシャル・アドバイザー。1級ファイナンシャル・プランニング技能士（国家資格）、CFP® 認定者。外資系投資銀行を経てFPとして独立。「ホンマでっか!? TV」等TV出演、講演も多数。2015年から生活の拠点をシンガポールに移し、シンガポールのファミリーオフィス等でウェルスマネジメントに従事。『世界標準の資産の増やし方』『ジム・ロジャーズ 大予測』『世界大異変』（共に東洋経済新報社）、『2030年 お金の世界地図』『捨てられる日本』（共にSBクリエイティブ）、『大暴落』（プレジデント社）など著書・訳書多数。海外に住んでいる日本人のお金に関する悩みを解消するサイトも運営。noteメンバーシップ「FP花輪陽子の世界標準のお金のレッスン」を執筆中。YouTube「FP花輪陽子のお金の教室」で動画配信。

## アレックス・南レッドヘッド（あれっくす・みなみれっどへっど）

シンガポールを拠点とするファミリー・オフィスのファンド・マネージャー。アジアの富裕層向けに、幅広い資産アドバイスや海外移住のサポートを提供している。以前はリーマン・ブラザーズ、野村證券、クレディ・スイス証券で債券市場のスペシャリストとして豊富な経験を積む。米国タフツ大学を卒業し、米国のCFP® 資格も取得している。訳書に『2030年 お金の世界地図』『捨てられる日本』（共にSBクリエイティブ）、『ジム・ロジャーズ 大予測』（東洋経済新報社）、『大転換の時代』（プレジデント社）がある。

SB新書　677

# 「日銀《にちぎん》」が日本《にほん》を滅《ほろ》ぼす

## 世界《せかい》3大投資家《だいとうしか》が警告《けいこく》する日本《にほん》の未来《みらい》

2024年12月15日　初版第1刷発行

著　　者　ジム・ロジャーズ
監修・翻訳　花輪陽子《はなわようこ》/アレックス・南《みなみ》レッドヘッド
発 行 者　出井貴完
発 行 所　SBクリエイティブ株式会社
〒105-0001　東京都港区虎ノ門2-2-1
装　　丁　杉山健太郎
本文デザイン
D　T　P　株式会社キャップス
編 集 協 力　杉山忠義
印刷・製本　中央精版印刷株式会社

本書をお読みになったご意見・ご感想を下記URL、
または左記QRコードよりお寄せください。
https://isbn2.sbcr.jp/25955/

落丁本、乱丁本は小社営業部にてお取り替えいたします。定価はカバーに記載されております。
本書の内容に関するご質問等は、小社学芸書籍編集部まで必ず書面にて
ご連絡いただきますようお願いいたします。

ISBN　978-4-8156-2595-5